民國文存

64

《佛游天竺記》攷釋

岑仲勉 著

知識產權出版社

《〈佛游天竺記〉攷釋》是岑仲勉先生對《佛游天竺記》（又名《佛國記》《法顯傳》）結合前人研究成果與自身堅實的史學知識基礎進行注釋，其中對西域地理、佛教聖跡奧典籍等為相關研究集大成者，對於研究古代西域、印度地理和佛教傳播都具有重要的意義。

　　本書適合對中國古代史、印度古代史及佛教歷史有興趣者及相關研究者閱讀使用。

責任編輯：劉　江　　　　**責任校對：**韓秀天　　　　**動態排版：**賀　天

特約編輯：蒲宏凌　　　　**責任出版：**劉譯文

圖書在版編目（CIP）數據

《佛游天竺記》攷釋/岑仲勉著.—北京：知識產權出版社，2014.8

（民國文存）

ISBN 978-7-5130-2909-4

Ⅰ.①佛…　Ⅱ.①岑…　Ⅲ.①《佛游天竺記》—考證　Ⅳ.①B948

中國版本圖書館 CIP 數據核字（2014）第 188804 號

《佛游天竺記》攷釋

Fo You Tianzhu Ji Kaoshi

岑仲勉　著

出版發行：	知識產權出版社 有限責任公司		
社　　址：	北京市海澱區馬甸南村 1 號	郵　　編：	100088
網　　址：	http://www.ipph.cn	郵　　箱：	bjb@cnipr.com
發行電話：	010-82000860 轉 8101/8102	傳　　真：	010-82005070/82000893
責編電話：	010-82000860 轉 8344	責編郵箱：	liujiang@cnipr.com
印　　刷：	保定市中畫美凱印刷有限公司	經　　銷：	新華書店及相關銷售網站
開　　本：	720 mm×960mm　　1/16	印　　張：	8.25
版　　次：	2014 年 9 月第一版	印　　次：	2014 年 9 月第一次印刷
字　　數：	95 千字	定　　價：	30.00 元

ISBN 978-7-5130-2909-4

民國文存

（第一輯）

編輯委員會

文學組

組長：劉躍進

成員：尚學鋒　李真瑜　蔣　方　劉　勇　譚桂林　李小龍
鄧如冰　金立江　許　江

歷史組

組長：王子今

成員：王育成　秦永洲　張　弘　李雲泉　李揚帆　姜守誠
吳　密　蔣清宏

哲學組

組長：周文彰

成員：胡　軍　胡偉希　彭高翔　干春松　楊寶玉

出版前言

　　民國時期，社會動亂不息，內憂外患交加，但中國的學術界卻大放異彩，文人學者輩出，名著佳作迭現。在炮火連天的歲月，深受中國傳統文化浸潤的知識份子，承當著西方文化的衝擊，內心洋溢著對古今中外文化的熱愛，他們窮其一生，潛心研究，著書立說。歲月的流逝、現實的苦樂、深刻的思考、智慧的光芒均流淌於他們的字裡行間，也呈現於那些細緻翔實的圖表中。在書籍紛呈的今天，再次翻開他們的作品，我們仍能清晰地體悟到當年那些知識分子發自內心的真誠，蘊藏著對國家的憂慮，對知識的熱愛，對真理的追求，對人生幸福的嚮往。這些著作，可謂是中華歷史文化長河中的珍寶。

　　民國圖書，有不少在新中國成立前就經過了多次再版，備受時人稱道。許多觀點在近一百年後的今天，仍可說是真知灼見。眾作者在經、史、子、集諸方面的建樹成為中國學術研究的重要里程碑。蔡元培、章太炎、陳柱、呂思勉、錢基博等人的學術研究今天仍為學者們津津樂道；魯迅、周作人、沈從文、丁玲、梁遇春、李健吾等人的文學創作以及傅抱石、豐子愷、徐悲鴻、陳從周等人的藝術創想，無一不是首屈一指的大家名作。然而這些凝結著汗水與心血的作品，有的已經罹於戰火，有的僅存數本，成為圖書館裡備受愛護的珍本，或成為古玩市場裡待價而沽的商品，讀者很少有隨手翻閱的機會。

鑑此，為整理保存中華民族文化瑰寶，本社從民國書海裡，精心挑出了一批集學術性與可讀性於一體的作品予以整理出版，以饗讀者。這些書，包括政治、經濟、法律、教育、文學、史學、哲學、藝術、科普、傳記十類，綜之為《民國文存》。每一類，首選大家名作，尤其是對一些自新中國成立以后沒有再版的名家著作投入了大量精力進行整理。在版式方面有所權衡，基本採用化豎為橫、保持繁體的形式，標點符號則用現行規範予以替換，一者考慮了民國繁體文字可以呈現當時的語言文字風貌，二者顧及今人從左至右的閱讀習慣，以方便讀者翻閱，使這些書能真正走入大眾。然而，由於所選書籍品種較多，涉及的學科頗為廣泛，限於編者的力量，不免有所脫誤遺漏及不妥當之處，望讀者予以指正。

目　錄

序

　　涉絕幕，渡重洋，在外十五年，學成而歸，就所經行，別出記傳，克保於今者，邦賢中首推法顯。此記傳僧祐出《三藏記集》著錄為《佛遊天竺記》一卷，今人率曰《佛國記》，則唐以後之別稱也。清嘉慶末（一八一六），德人克氏 (H.J.Klaproth) 獲見其本，為法儒黎氏 (Abel Remusat) 草譯藁後半部，黎氏法繙，遂以道光中葉（一八三六）在巴黎行世，自時始傳於歐洲，厥後若英儒毗氏 (Samuel Beal——一八六九)、基氏 (Herbert A. Giles——一八七七)、勒氏 (James Legge——一八八六)，繼有迻譯，而節段討論者不在此數，其書益大著矣。迴顧我國，則同治九年（一八七〇）番禺李比部光廷著《漢西域圖考》，首節錄記文，疏其概要；民國之初，仁和丁氏撰《佛國記考證》，最近馮氏譯《中國之旅行家》，支那內學院又刻《歷遊天竺記傳》，附註三十九條，均知取材異邦，發揚古籍，然或未附外名，或過從簡略，故讀其書者猶有冥索班窺之感。拙不敏，頃年曾就顯師原記暨邦文書說有關者，輯為《西行年譜》及《訂補》各一篇，綴以管見，然今地之考證，仍弗備也。去歲獲毗氏翻本，亟取可採者錄之，再於顯師歷程，通盤剖析，無意中乃發覺向來中外考據家一大錯誤，此由惑於清代官修《西域圖志》之權威，故莫之正也。原夫《圖志》之作，在準回兩疆底定而後，修書諸臣，贊揚盛業，載稽往地，比附時稱，蓽路藍縷，功良不易。無如計里未周，指方或昧，不克按圖索驥，遂易閉門造車，實環境所使然，非前人之特拙。獨怪乎年閱百七，中外楳通，而東西諸大家，尚有以喀什噶爾當竭叉者。夫喀什噶爾之視和闐，與其視北印，直距殆相等，後段之程，陟高山，越重嶺，崎嶇曲折，需時特久，理之常也，假謂前段需時，兩倍後段有奇，其不軌於理明矣。用是搜索典文，解斯癥結，刪綴舊作，貫其始終，雖有印度數地，今人尚未能確切指出，而顯師辛苦跋涉之遊蹤，已大概可覩矣。吾儕求學，其易十倍顯師，所造就或不及什之一，其真艱難磨折而後成功者大乎。多年來鈔錄轉繕，內人陳淑嫻所助不少，書成，因幷識之。

民國二十三年一月順德岑仲勉自序

《佛遊天竺記》攷釋

　　晉孝武帝太元十八年，癸己[1]（三九三），十月，姚萇卒，子興嗣位。

　　十九年，甲午（後秦姚興皇初元——三九四），姚興僭即帝位於槐里，改元曰皇初。

　　據《晉書》一一六，後秦姚氏一系，可演作世譜如次：

　　晉武帝泰康元年，庚子（二八〇），姚弋仲生。

　　成帝咸和五年，庚寅（三三〇），姚萇生。

　　咸和六年，辛卯（三三一），姚襄生。

　　穆帝永和八年，壬子（三五二），弋仲卒，年七十三。

　　升平元年，丁巳（三五七），襄卒，年二十七。

　　帝奕太和元年，丙寅（三六六），姚興生。

　　孝武帝太元十三年，戊子（三八八），姚泓生。

　　太元十八年，癸巳（三九三），萇卒，年六十四。

　　安帝義熙十三年，丙辰（四一六），興卒，年五十一。

　　義熙十三年，丁巳（四一七），泓為劉裕所誅，年三十，後秦亡。

　　《書》言襄為弋仲第五子，萇為弋仲第二十四子，而萇年顧長襄一歲。又，《書》言弋仲有子四十二人，若謂均是親生，則弋仲五十

---

　　❶ "癸己"當爲"癸巳"。——編者註

後尚生子三十餘人矣。羯羌之俗，好畜養子，石、姚二族可據也。

《佛祖歷代通載》甲午下云：“後秦姚興改皇初。”餘如《釋氏稽古略》《紀元編》《朔閏考》等均同，惟《北堂書鈔》一五八、《初學記》六引王景暉《南燕書》云：“姚秦皇初三年，歲在丁酉，渭濱得赤璽。”是以乙未為皇初元年，計後差一年。

二十年，乙未（皇初二——三九五）。

二十一年，丙申（皇初三，後涼呂光龍飛元——三九六）。

晉安帝隆安元年，丁酉（皇初四，龍飛二，北涼段業神璽元——三九七），沮渠蒙遜與從兄男成推建康太守段業為涼州牧建安公，改元為神璽元年。

見《晉書·載記》。

二年，戊戌（皇初五，龍飛三，神璽二——三九八），呂弘棄張掖東走，段業徙治張掖。

見洪亮吉《十六國疆域志》。

燉煌索儦等推李暠為燉煌太守。

見崔鴻❶《十六國春秋》。

後涼北涼紀事，因顯師經行關係，故特書之，後不復書。

姚興改元弘始，《晉書·載記》不言當晉帝何年，如照今記文“弘始二年歲在己亥”，則本年應為弘始元年。考《晉書》帝紀隆安二年十二月下稱：“京兆人韋禮帥襄陽流人叛降於姚興。”《載記》則稱：“京兆韋華、譙郡夏侯軌、始平龐眺等率襄陽流人一萬叛晉，奔于興。”（韋華當即帝紀之韋禮，二名未詳孰是。）且繫此事于改元弘始之後，似姚興改元之命，確于本年發布。檢《高僧傳·鳩摩羅什傳》：“興弘始

---

❶ “崔鴻”當為“崔鴻”。——編者註

三年……至五月，興遺❶隴西公碩德西伐呂隆，隆軍大破。至九月，隆上表歸降。"《晉書》帝紀書此事於隆安五年；又同傳，"以偽弘始十一年八月二十日卒於長安，是歲晉義熙五年也"；又《智猛傳》："遂以偽秦弘始六年甲辰之歲，招集同志沙門十有五人，發跡長安。"依此逆推，則弘始元年當隆安三年己亥，二年當隆安四年庚戌（李兆洛《紀元編》"弘始一作洪始，己亥，十七"，亦以己亥為弘始元年）。若謂是南朝記錄，則弘始紀元，莫信於秦僧所說，茲撮錄如次：

"以秦弘始三年歲次星紀。"（僧叡《大智釋論序》）

"以弘始三年歲次星紀。"（同人《大品經序》）

"以秦弘始三年歲在辛丑。"（闕名《大智論記》）

"以弘始五年歲在癸卯。"（僧叡《大品經序》）

"以弘始六年歲次壽星。"（僧肇《百論序》）

"是歲弘始八年，歲次鶉火。"（僧叡《法華經後序》）

"以弘始八年歲次鶉火。"（僧肇《維摩詰經序》）

"是歲弘始九年，歲次鶉首。"（僧叡《自在王經後序》）

"以弘始十二年歲在上章掩茂。"（僧肇《長阿含經序》）

"大秦弘始十三年，歲次豕韋。"（闕名《成實論記》）

"十五年歲在昭陽奮若。"（僧肇《長阿含經序》）

故如謂二年為不誤，則己亥誤，己亥不誤，則二年誤，似二者必居一於此矣。但我國改元之法，向有兩種：一改元後即於是年稱元年者；二改元後逾年始稱元年者。姚興改元弘始，確於本年發布，由上文帝紀、《載記》之比較而知之，而顯師出行，又在春間（至乾歸國始夏坐），因依第二種法稱為二年，亦非必無之事。迨去國以後，十

---

❶ 據《高僧傳》卷二《鳩摩羅什傳》，"遺"當爲"遣"（中華書局1992年版，第52頁）。——編者註

載又半，積年悲鄉音之絕，交接悉異域之人，逮返中邦，未履秦地，年號稱謂，宜若昧然，此記文所特著己亥為去國之歲也。如此說法，則所謂弘始二年歲在己亥者，非特不為舛誤，且合乎事理矣。復按唐智昇《開元釋教錄》云："《準大智度論》（鳩摩羅什譯）後記云，弘始三年，歲在辛丑，王道珪云，庚子，一本亦云歲在辛丑，房及甄鸞更差一載，今依後記為正。"可見姚秦紀年，六朝書說固不一，王道珪之言，即與本《記》相同，本《記》稱二年己亥，決非後人傳鈔之誤也。

三年，己亥（弘始元——三九九），春，法顯與同學慧景、道整、慧應、慧嵬等發自長安。顯俗姓龔氏，平陽武陽人。有三兄，並齠齔而亡，其父恐禍以次及，三歲便度為沙彌。居家數年，病篤欲死，因送還寺，住信宿便差，不肯復歸。十歲遭父憂，叔父逼使還俗，持不可。頃之母喪，至性過人，葬事畢，仍即還寺。及受大戒，志行明敏，儀軌整肅。慨律藏殘闕，誓志尋求，遂以是歲偕同契慧景等四人出發。

本年應為弘始元年，說見上文。按《高僧傳·法顯傳》，顯以晉隆安三年，發自長安；《慧嵬傳》，嵬以隆安三年，與法顯俱遊西域；顯師確於本年出行，當無異議。明胡震亨《佛國記跋》云："如云宏始❶二年，是姚興紀年，乃晉安帝隆安四年也。"（據《學津討原》本）蓋胡氏未知顯師稱本年為弘始二年，故誤為隆安四年也。《四庫全書提要》云："書中稱弘始三年歲在己亥，按《晉書》姚萇宏始二年，為晉隆安四年，當稱庚子，所紀較前差一年。"按今《記》文以弘始二年為己亥，已與史傳差一年，若作三年，更差二年矣，此《提要》之誤一；弘始是姚興年號，非姚萇年號，誤二；既云三年，又云二年，誤

---

❶ "宏始"又作"弘始"。——編者註

三；其不能理會記文，與胡跋同。同書又云："法顯晉義熙中自長安游天竺。""義熙中"三字亦失檢。李光廷《漢西域圖考》以弘始二年為隆安二年，則似沿《提要》"宏始三年歲在己亥"之誤文而再誤。丁謙《佛國記攷證》云："其二年，卽東晉安帝隆安三年也。"蓋《記》云亦云，未嘗取正史紀年，一為比照也。

英儒 Beal 氏 (Si-Yu-Ki, p, XXIII n.2, 1884) 云："弘始元年己亥，此處誤差一年，應作庚子，卽西元四〇〇——四〇一。"對於出國之年，誤後一年。Legge 氏（一八八六年《佛國記》英譯本）以游歷時期為三九九——四一四，則出國之年合，而歸國之年，後差一年。又 Beazley 氏 (Dawn of Mod. Geog., 1906) 以游歷時期為四〇〇——四一四，則與《佛國記》前後十五年之文合，惟全期誤後一年。近人張星烺云："《佛國記》原作義熙十二年，必誤刊也。義熙十二年乃丙辰歲，自隆安三年（西三九九）至義熙十年甲寅歲（西四一四）南抵建業，正合十六年。"、張氏之說，先得我心矣。

度隴至乾歸國始夏坐，可見出發之日，為本年春間。

顯師生年，書無可考，唯《高僧傳》云："後至荊州，卒於辛寺，春秋八十有六。"以同輩可考者徵之，如寶雲卒於元嘉二十六年，春秋七十有六，智嚴之卒，最早亦在元嘉中葉，春秋七十有八。由此推測，顯師出行之日，應是壯歲。設酌中假定行年三十，則師生之年，當在晉孝武以前，而卒之年，當在宋孝武初葉或元嘉之末。近人馮承鈞《歷代求法翻經錄》云："後至荊州，卒於辛寺（應在四二三年七月前）。"若依此上推，顯師生平，最後不得過成帝咸康四年戊戌，計至出行之年，已六十以上，回國之年，行將八十，如此風燭，而猶經歷多險，殊不可信。按《高僧傳》云："佛馱什……以宋景平元年七月，屆於揚州，先沙門法顯於師子國得彌沙塞律梵本，未及翻譯，而法顯遷化。"景平元年卽四二三年，馮氏之說本此，但細審《記》文及原跋，均無露及耆年之語，非《高僧傳》享齡之不實，卽遷化一語之有誤，二者殆居一於此矣。

《高僧傳》三云："釋法顯，姓龔，平陽武陽人。"按《晉書》一四司州平陽郡統縣十二，祇有平陽及楊縣，無武陽縣。《十六國疆域志》卷一前趙平陽郡下，卷四前秦平陽郡下，及卷五後秦平陽郡下，皆同。《歷代地理志韻編今釋》武陽下，亦無地屬平陽郡者，豈武陽乃平陽或楊之訛，抑前趙兩秦之際，別有武陽而史闕弗載耶？如為平陽，卽今山西臨汾縣，如為楊，卽今山西洪洞縣。

《南海寄歸內法傳》三云："次於本師前阿遮利耶授十學處，或時闇誦，或可讀文，既受戒已，名室羅末尼羅。（譯為求寂，言欲求趣涅槃圓寂之處，舊云沙彌者言略而音訛，翻作息慈，意准而無據也。）"烈維 (Lévi) 氏《乙種吐火羅語卽龜茲國語考》云："如沙門，梵文為 Śramana，龜茲語為 Samane，中國之譯音，與前者遠，後者近也；又如沙彌，梵文作 Śramanêra，龜茲語為 Samir。"

度隴至乾歸國夏坐。

《漢書》注應劭曰："隴、隴阺阪也。"師古曰："卽今之隴山。"在今陝西隴縣，西北跨甘肅清水等縣。胡《跋》云："曰乾歸國，是乞伏乾歸所都宛川也。"按宛川，崔鴻《十六國春秋》作苑川，《晉書》作苑川，洪亮吉《十六國疆域志》云："苑川郡……卽今蘭州理是也。"據崔鴻書，則東晉之初，乞伏述延已自牽屯徙居苑川矣。

安居，本《記》亦曰夏坐，其義詳見法雲《翻譯名義集》卷十一。辯機《大唐西域記》云："故印度僧徒，依佛聖教，坐雨安居，或前三月，或後三月；前三月當此從五月十六日至八月十五日，後三月當此從六月十六日至九月十五日。前代譯經律者或云坐夏，或云坐臘，斯皆邊裔殊俗，不達中國正音，或方言未融而傳譯有謬。"蓋安居者每歲一行之，顯師未到天竺前，凡安居皆特書，吾人因此可略窺其經行歲月也。

夏坐訖，前行至耨檀國。

胡《跋》云："第云耨檀國，則禿髮利鹿孤始於是年僭號，後二年利鹿孤死，耨檀乃嗣位，不應便稱耨檀，豈後來追憶之誤耶？"按《晉書》十稱隆安三年己亥八月，利鹿孤嗣偽位，與《載記》同，惟《佛祖歷代通載》誤繫利鹿孤嗣位於四年庚子，胡《跋》所謂是年，蓋同於《通載》之說。追憶云云，亦似近理，惟《載記》又稱："及利鹿孤卽位，垂拱而已，軍國大事，皆以委之。"或者當日涼人祇知有耨檀，不復知有利鹿孤。顯師從俗記載，未可料也。丁謙《考證》謂耨檀時降秦為涼州刺史，亦是信口亂道。

度養樓山至張掖鎮，張掖大亂，張掖王慇懃留住。

丁謙《考證》云："養樓山在永昌縣西北，與山丹縣接界處，今曰大黃山，卽唐地志天寶縣之焉支山也。"按《讀史方輿紀要》六十三，焉支山在山丹衛東南百二十里。舊志云，在番禾縣界（《新唐書》四十天寶本番禾）。又同卷青松山在永昌衛南八十里，一名大黃山云云。大黃、焉支，原是二山，亦無養樓之稱。丁氏《考證》，往往出以肊測，若是者不可勝數。

胡《跋》云："曰張掖王，是涼王段業也。"按《晉書》隆安三年二月，段業自稱涼王。又《十六國疆域志》云："呂弘鎮張掖，龍飛三年，弘棄張掖東走，段業徙治張掖。"據《晉書·載記》，後涼呂光龍飛元年，卽晉孝武帝太元二十一年，三年則隆安二年也。張掖鎮今張掖縣。

《西域之佛教》（二四二頁）云："當時在王位者大概為弒殺蒙遜

之段業，但此所謂張掖王或係指蒙遜。"按殺段業者蒙遜，據《宋書》九八，事在隆安四年五月，此時稱王者仍是段業，大約譯人將賓主格誤倒故耳。

四年，庚子（弘始二——四〇〇），遇智嚴、慧簡、僧紹、寶雲、僧景等五人於張掖，遂共夏坐。夏坐訖，進至燉煌，共停一月餘日，時燉煌太守為李浩。

燉煌，今燉煌縣。

胡《跋》云："曰燉煌太守李浩，即涼武昭王李暠。按暠於是年三月，受段業燉煌之命。法顯於張掖夏坐後始到燉煌，乃知浩即暠無疑，蓋以音同誤書之也。"謂李浩即李暠，誠然。惟《十六國春秋》稱，神璽二年，燉煌索僊等推暠為燉煌太守；又《晉書·載記》稱，沮渠蒙遜與從兄男成推建康太守段業為涼州牧建康公，改呂光龍飛二年為神璽元年；由上條所考證者推之，知神璽二年即隆安二年，是暠未受業命前，已自稱燉煌太守。又《晉書·涼武昭王傳》，言暠就燉煌太守後，尋進號冠軍，稱藩於業，業以為安西將軍燉煌太守，其事繫在段業僭稱涼王之前；胡《跋》所云是年三月，如指隆安四年，固比《記》文後差一年，即指隆安三年，亦與史實不合，因業稱涼王在三年二月也。胡《跋》又謂三月受業命，更不知何所據而云然。

劉昞《燉煌實錄》云："晉安帝隆安元年，涼州牧李暠……"（《御覽》一六五）按《晉書》十隆安元年丁酉三月，段業自號涼州牧。四年庚子十二月，河右諸郡奉李玄盛為秦涼二州牧，年號庚子。又八十七呂光末（光死於隆安三年），京兆段業自稱涼州牧。焉有隆安元年暠為涼州牧之事？劉氏所記，豈段業之誤耶？抑後來追稱之辭耶？《佛祖歷代通載》八繫李暠稱西涼於太元二十一年丙申之下，則比劉書更先差一年。

湯球輯蕭方等《三十國春秋》，於隆安四年下稱："十一月，北涼李暠自稱'涼公燉煌太守李暠表'於段業……"（《御覽》四〇八）此當指其表內署銜，並非謂暠至是始自稱燉煌太守也。但余檢鮑本《御覽》，則祇稱李暠表於段業，無"十一月北涼李暠自稱涼公燉煌太守"十五字。湯氏此條，據何本輯出，尚待研考。

顯等原行五人，與智嚴等五人別，隨使先發，得李浩供給，度沙河。

沙河者，今噶順大沙漠及白龍堆。《漢西域圖考》云："《高僧傳》法顯以隆安三年度流沙。"按今傳祇言三年發長安，李氏誤也。

丁謙《考證》云："沙河卽黨河，以河在沙磧中，故名。"按《記》言："沙河中多有惡鬼熱風，遇則皆死，無一全者，上無飛鳥，下無走獸，遍望極目，欲求度處，則莫知所擬，唯以死人枯骨為標識耳。"是沙河者今沙漠之謂，丁氏乃以為河名，真可謂捕風捉影、漫不經心者矣。

行十七日，計可千五百里，至鄯善國 (Shen-shen)。

鄯善，Beal 氏據俄人 Prejevalsky 氏地圖，故址在北緯三十八度，英東經八十七度，謂與馬哥孛羅之 Charchen（車爾成）相當 (Si-Yu-Ki, p. XII)。德儒 Mayers 氏則位之於闢展 (Pidgan) 附近 (Beal, op. cit.p.LXXXV, n.6)。清光緒二十八年，遂於闢展置鄯善縣。按《漢書·西域傳》云："樓蘭國最在東垂，近漢當白龍堆。"《水經注》二云："河水又東逕注賓城南，又東逕樓蘭城南而東注……又東注於泑澤，卽《經》所謂蒲昌海也，水積鄯善之東北，龍城之西南。"由此觀之，鄯善故墟之測定，自應以龍堆河泊為目標。然風沙所刷，時見滄桑，泑澤之涯，未純故迹，故後來書說，愈近漢者愈較可信。鄯善今地，要以在羅布泊西者為近是也。

住鄯善國一月日，復西北行十五日，到偽彝國。

偽彝，《水經注》作烏帝，云："釋法顯自烏帝西南行，路中無人民，沙（一本作涉）行艱難，所經之苦，人理莫比，因道一月五日，得達于闐。"唐慧琳《一切經音義》以偽彝為焉夷，是卽漢之焉者也。法儒烈維 (Lévi)《龜茲語考》，謂偽彙決為今之庫車，昔之龜茲，因由焉者不能直進西南行到今之和闐云云。按《記》既言沙行艱難，人理莫比，吾人生居千餘年後，又安知此等戈壁古時不可偶一度之，今不可行，固不能遽斷古不可行也。卽謂沙行為涉行之誤，然所稱路無居民，人理莫比，亦活畫出橫度戈壁景象矣。況《水經注》又云："北河自岐沙東分南河，卽釋氏《西域記》所謂二支北流，經屈茨、烏夷、鄯善入牢蘭海者也。"屈茨卽龜茲異譯。此龜茲、偽彝非同地之證一。《高僧傳·鳩摩羅什傳》，符堅建元十八年（太元七年—三八二）遣呂光等西伐龜茲及烏者諸國。烏者《晉書·載記》作焉者，又卽偽彝之音轉。此龜茲、偽彝非同地之證二。辯機《大唐西域記》，出高昌故地，自近者始，曰阿者尼國，原註舊曰烏者，又西行約千里至屈支國，原註舊曰龜茲。此龜茲、偽彝非同地之證三。外此如：竺法護譯《蜜迹金剛力士經》云："釋種、安息、月支、大秦、劍浮、擾動、丘慈、於闐、沙勒、禪善、烏耆❶前後諸國。"

《釋迦方志》云："又東六百七十里，經龜茲國南，又東三百五十里，經烏壘國南……東北去烏者國四百里。"又云："又西七百餘里至阿者尼國（卽烏者也）……又西南行二百餘里，踰一小山，越二大河川，行七百餘里，至屈（居勿反）支國（卽丘慈也）。"

《續高僧傳》二《達摩笈多傳》云："又至龜茲國……密將一僧間行至烏者國。"

---

❶ "烏耆"當爲"烏者"。——編者註

唐圓照《十地經等後記》云："次至……龜茲國王白環（亦名丘慈），正曰屈支城……次至烏耆國王龍如林。"

慧琳《一切經音義》八二云："阿耆尼國，佶伊反，胡語也，或出焉祇。"均堪作證。

慧超《往五天竺國傳箋釋》云："案焉者……《法顯傳》作偈夷 (Agni Agi)（華氏，Walters)，卽今之哈喇沙爾 (Karachar)。"又馮承鈞《西域地名》云："《佛國記》之偈彝，應是焉者，SylvainLévi 以為卽是龜茲，誤也。"是也。若向達《漢唐間西域及海南諸國古地理書叙錄》云："唯法顯、智猛自龜茲折而南。"亦似混偈彝、龜茲為一國。

晉人亦或稱龜茲為拘夷。例如《比丘尼戒本所出本末序》云："賴僧純於拘夷國來，得此戒本。"而道安《比丘大戒序》則云："尋僧純在丘慈國佛陀舌彌許，得《此丘大戒》來出之。"又關中近出尼二種（歲？）壇文……卷初記云："僧純於龜茲佛陀舌彌許（得？）戒本。"拘夷似與偈彝相近，然此乃屈支音轉，猶之《大唐西域記》翻鷄為屈屈吒，《內法傳》翻為俱俱吒，是也。

住偈彝國二月餘日，智嚴、慧簡、慧嵬返向高昌求行資。

高昌卽《漢書》車師前部中之高昌壁，今吐魯番縣。法儒伯希和 (Pelliot) 謂後來哈喇和綽(Qara Khodja)之和綽，卽突厥語高昌之對音，中國人不察，遂生重譯之訛云。按此點元歐陽玄早已發之，《圭齋集》云："高昌者今哈喇和綽也，和綽本漢言高昌，高之音近和，綽之音近昌，遂為和綽也。"伯氏以為創獲，蓋由未讀歐陽集耳。智嚴等五人之到偈彝，《記》未言及，當是顯師等留住時隨後趕到。

《高僧傳》：智嚴，西涼州人，弱冠出家。曾周流西國，進到罽賓，從佛馱比邱諸受禪法，漸染三年，功逾十載。時有佛馱跋陀比邱，亦是彼國禪匠，嚴乃要請東歸，跋陀嘉其懇至，遂共東行。於是踰越沙險，達自關中，常依隨跋陀，止長安大寺。頃之，跋陀橫為秦僧所擯，嚴亦分散，憩於山東精舍。義熙十三年，宋武帝西伐長安，尅捷旋旆，塗步山東，時始興公王恢從駕遊觀山川，至嚴精舍，即啓宋武延請還都，為於東郊之際，更起精舍，曰枳園寺。嚴前在西域所得梵本，到元嘉四年（四二七），乃共沙門寶雲譯出《普曜》《廣博嚴淨》《四天王》等經。後更汎海，重到天竺，步歸至罽賓，無疾而化，時年七十八。由傳文觀之，似智嚴措資後即復西行，其歸國當在義熙初年，因據同書《佛馱跋陀羅傳》，跋陀被擯，南指廬岳，停山歲許。西適江陵，猶在宋武南討劉毅之前，討劉毅事在義熙八年（四一二）九月也。若慧簡、慧嵬，是否同行，載籍無考。嚴與跋陀共行，踰越沙險，達自關中，已見上引智嚴本傳，但《跋陀傳》又云：“嚴既要請苦至，賢遂愍而許焉，於是捨眾辭師，裹糧東逝，步驟三載，綿歷寒暑，既度葱嶺，路經六國，國主矜其遠化，並傾懷資奉，至交趾，乃附舶循海而行……至青州東萊郡。”晉人《蓮社高賢傳》亦云：“嚴乃要師裹糧而行，經歷諸國，至交趾，附舶循海，達於青州東萊。”嚴之返國，遵陸遵海，究莫得而斷定也。

《高僧傳》又稱，釋慧嵬不知何許人，止長安大寺，後以晉隆安三年，與法顯俱遊西域，不知所終。

《高僧傳》不傳慧簡，《開元釋教錄·宋錄》有慧簡，云：“沙門釋慧簡，未詳何許人也，以孝武帝大明元年丁酉，於鹿野寺譯《五天使者》等經十部。”按大明元年丁酉，上距隆安四年庚子，凡五十七年，就最低限度計，晉慧簡出行之年為二十歲，到此亦將八十，恐不能勝翻經之任，《宋錄》之慧簡，想必別是一人也。

顯與寶雲等共七人，得符公孫供給，西南行，路中無居民，沙行艱難，所經之苦，人理莫比，在道一月五日。

五年，辛丑（弘始三——四〇一），到於闐 (Khotan)。

以下文停三月日待觀行像一節觀之，則顯等到於闐，當在四年臘底。由焉者西南到於闐，此在東晉時尚可行，今則為大漠橫隔矣。日人羽溪了諦（見《燕京學報》第四期）亦謂法顯到於闐為西紀四〇一年也。

國主安堵顯等於瞿摩帝僧伽藍，慧景、道整、慧達三人，先發向竭叉國 (Khara-Śyâmâka)。

竭叉國所在，考證最難，迄無定論，據余所知，約有如下五說：

（一）Eitel. Laidley 諸家謂卽 Ptolemy 書之 Kossaioi (Kassai)，梵文 Manu 書之 Khasas，及 the Vishnu Purana（印度古史）之 Khaśâkes。但據 Beal 氏意見，前一名似指後世之 Cushites (Beal, op. cit. XXIV, XXVIII, n.17)。是否同尚待論定，且其今地亦未能確指也。

（二）Yule, Cunningham 兩家謂竭叉卽今印度東北之 Ladakh，惟 Beal 氏駁之，以為如是則無以解於《佛國記》所云國當蔥嶺之中，及西行一月得度蔥嶺到北天竺也 (Beal, op. cit. p.298, n.46)。按《記》下文又云："僧紹一人隨胡道人向罽賓。"此之罽賓，卽迦濕彌羅，非漢之罽賓（說見後）。Ladakh 乃其一部，使顯師果至此地，何須與僧紹分道揚鑣耶？

（三）Beal 氏所翻竭叉，與《西域記》之法沙同作 Kie-Sha，是氏固認二國同一，但是否卽今之喀什噶爾 (Kashgar)，氏又自附疑問 (op. cit. p.344, Index)。

（四）馮譯沙畹 (Chavannes) 氏《中國之旅行家》云："法顯等復發自於闐，經子合國（按卽今之哈爾噶里克 Kharghalik）、於麾國（按卽今之塔什庫爾干，Tach❶-Kourghan），至竭叉國，與先行之僧衆會（按

---

❶ "Tach"又作 "Tash"。——編者註

竭叉國當為今之疏勒 Kachgar），復由竭叉還於麾，度蔥嶺。”考顯師行程，由於闐二十五日到子合，南行四日入蔥嶺，又行二十五日到竭叉國，又西行一月度蔥嶺，到北天竺境，如上所說，則是西入蔥嶺後又出嶺復東，此準諸行向而不合者一。沙氏不得其解，乃於後強綴一語云：“復還於麾度蔥嶺。”顧求諸《記》文，顯師並無自竭叉回向於麾也。《記》云：“慧景、道整、慧達先發向竭叉國，法顯等欲觀行像，停三月日……行二十五日到竭叉國，與慧景等合。”曰先發，知為前進必經，曰與合，顯是後來趕上。如謂慧景等之向竭叉，情事視智嚴返向高昌求資一例，則當顯師停居於闐三月之際，慧景等儘可回此同行，何必顯師往向竭叉，始偕回於麾，如是僕僕，此衡以事理而不合者二。果如沙氏說，則由和闐（即於闐）至葉城（即哈爾噶里克）二十五日，由葉城至喀什噶爾二十九日，由喀什噶爾至天竺西北境祇一月，末段道阻且長，山行艱險，而比諸一二兩段，為日幾同，此較其程途而不合者三。《記》明言南入蔥嶺，又言竭叉在蔥嶺之中，若是喀什噶爾，則是向東北行，且未入蔥嶺，此證諸地望而不合者四也。

（五）Rawlinson 氏以塔什庫爾干 (Tâsh-Kurghân) 為竭叉，Yule 氏疑之。丁謙《考證》云：“竭叉居蔥嶺中，以地望核之，即《漢書》依耐、《魏書》渴槃陀，《伽藍記》作漢盤陀，今塔什庫爾干城地。”即同於 Rawlinson 氏之說，然此亦失之過東，且在蔥嶺外，非蔥嶺中也。

然則竭叉果前代何國耶？余初擬為《魏略》之渠沙國，《北史》九七云：“渠沙國居故莎車城，在子合西北，去代一萬二千九百八十里。”昔人以裕勒阿里克為子合，未嘗不因乎此。但《魏略》渠沙之外，別有莎車，《北史》所云，或名雖同而地已遷，未足為據。易言之，則渠沙地果何在，殊難決定，無當於考證也。

余又嘗擬為迦羅奢末 (Khara-Śyāmākā) 之省譯；考顯師翻 Nagara

為那竭，Kusinagara 為拘夷那竭，又 Sākala 東晉失譯，《那先比丘經》譯為舍竭（《佛學研究》一二頁），《外國傳》翻為沙竭羅（《藥叉名錄與地考》四三頁），ga 與 kha 音轉（如 Sākala 巴利本作 Sāgala，見《佛學研究》同頁）。gara 可以"竭"字翻，即 Khara 亦可以"竭"字翻也。《西域記》翻 Takshaśilâ 為呾叉始羅，舊翻 Yaksa 為夜叉，烈維 (Lévi) 氏謂"奢"字對音實可以譯 Śyāma 二音中之 Śyā（《藥叉名錄與地考》七八頁），奢、叉不過輕重之別，故 Śyāmakā 略去末二音，即可翻"叉"。此竭叉得為迦羅奢末省譯之說也。（拘夷那竭之梵名亦作 Kuśigrâmaka，是末尾 māka 二音，可以省譯。又如《西域記》二之商莫迦 Sâmka，顯師省譯為睒，是也。）奢末，烈維氏認其即宋雲之賒彌國，西域之商彌國（同上七七頁）。依此而推，然則竭叉亦即宋雲之賒彌耶？當未下斷語以前，對於六朝間僧徒通道，似須先作相當之研究。考《根本說一切有部毗奈耶》，迦旃延出勞嚕迦城，先經迦羅，次濫波，次沙摩（即奢末），抵步迦挐國 (Vokkāna 即 Wakhan)（同上七七頁）。道安《西域志》云："有國名迦舍羅逝，此國狹小而總萬國之要，道無不由，城南有水，出羅逝西山，山即葱嶺也。"（《水經注》二）按迦舍羅逝可還原為 Khasa-Raja，即羅什《孔雀王經》之迦舍國（《聖心》二期拙著《法顯西行年譜訂補》四三——四四頁），經 Stein 氏考訂為 Kashkar，當今 Chitral 之省譯（《西域地名》一九頁）。《高僧傳》三《智猛傳》云："猛於奇沙國見佛文石唾壺。"與顯師所記竭叉"其國中有佛唾壺以石作色似佛鉢"相合。按猛以弘始六年甲辰（元興三年——四〇四）發跡長安，後顯師之見唾壺，不過數年，唾壺在所，應未轉變，是奇沙亦即竭叉國也。夫古代交通困阻，徒侶來往，必取熟途，理也。道安之《志》，聞自梵僧，智猛之《傳》，記從身歷，綜合前文徵述，計自西元而後，Chitral 一地，實當中印之衝，顯師逕行，不能例外，亦理也。迦游延經沙摩以抵步迦拏，顯師循子合而赴竭叉國，今來古往，名異實同。下迄李唐，奘師自護密越山至商彌，慧超從烏萇入山至奢摩褐羅闍 (Śyāmāke-Raja)，後先三紀，曾未少殊，此余所以謂竭叉與迦羅奢末等名均同地異譯也。T.H.Holdich 氏云："Chitral 人自稱其國曰 Kashgar 或 Kashkar，十八世紀時隸中國版圖，紀元初葉，中國遊僧視為佛教要地，意當日實喀什噶爾之役屬邊國也。"(Ency. Brit. Chitral 條下) 余繙《西域圖考》二愛烏罕、痕都斯坦、巴勒提諸部圖，祇有喀莽（？Khowar）一名，或與相類，數典忘祖，省躬滋愧矣。或者曰，烈維氏謂迦羅奢末之名，出自智猛《遊行外國傳》(《輿地考》七八頁)。而奇沙國之名，見於《高僧傳·智猛傳》下，亦當本自猛書；今子謂迦羅奢末與奇沙均卽竭叉，猛記所親行，斷未必同國異譯，得毋有所誤解耶？殊不知此《外國傳》乃宋曇無竭作，非智猛作，余旣辭而闢之矣 (《聖心》二期拙著《課餘讀書記》一六頁)。然猶有以竭叉地非葱嶺為疑者，將於下文葱嶺釋地再申言之。

　　《西域之佛教·疏勒國下》云（二九三——二九四頁）："又當時鳩摩羅什留學於闐賓……嘗涖此國，頂禮佛鉢……西元第五世紀之初，智猛亦來奇沙國卽疏勒國，瞻拜佛跡，彼亦記此佛鉢云……是二人所見佛鉢均同，智猛當時曾於此國拜見石造之佛唾壺，在彼以前數年前，經行此國之法顯亦見之。"此以佛鉢證奇沙、竭叉卽今喀什噶爾者之說也。按《高僧傳》二《羅什傳》云："至年十二……時什母將什至月氏北山……什進到沙勒國，頂戴佛鉢。"依僧肇《法師誄序》(引見後義熙十三年下)，什到沙勒，約穆帝永和十一（三五五）年，智猛之到奇沙，最遲不過義然二（四○六）年，與顯師之到弗樓沙（四○二），前後不過四五載，而顯師所見佛鉢，固明明在弗樓沙也。宋竺法維經往佛國，見《高僧傳》，大約後於智猛無幾時，而所見佛盆，在大月支國，亦卽佛樓沙國，今謂其前五十年，與其後五年，此鉢均移至喀什噶爾，其後未幾，又回至佛樓沙，世寧有此巧事耶？且顯師記云："昔月氏王大興兵衆，來伐此國，欲取佛鉢……乃校釋大象，置鉢其上，象便伏地，不能得前，更作四輪車載鉢，八象共牽，復不能進。"由其相傳故事之意義味之，可見顯師遊歷以前數十年間，佛鉢當未嘗移徙。顯師復於師子國下記云："法顯在此國，聞天竺道人於高座上誦經云，佛鉢本在毗舍離，今在犍陀衞竟。若千百年（法顯聞誦之時，有定歲數，但今忘耳），當復至西月氏國。若千百年，當至於闐國住。若千百年，當至屈茨國。若千百年，當復來漢地。若千百年，當復至師子國。若千百年，當還中天竺。到中天已，當上兜術天上。"歷數諸國，未及疏勒。況顯師到師子國（四一〇），在智猛見佛鉢可四五年後，而猶云在犍陀衞竟，則奇沙非喀什噶爾可知。又《高僧傳》三云："共度雪山，渡辛頭河，到罽賓國……猛於奇沙國見佛文石唾壺，又於此國見佛鉢……復西南千三百里至迦惟羅衞國。"就其叙事次第觀之，所謂"此國"，無論爲奇沙抑罽賓，均似在入竺以後。余故謂奇沙必非今之喀什噶爾也。綜此比勘，知《羅什傳》之沙勒，或名實異同（如《新唐書》護密之娑勒，并非喀什噶爾，見下子合釋地），或聞記牽混，二者殆居一於此矣。

Sten Konow 氏據藏文《於闐國記》，於闐王尉遲毗梨耶 (Vijaya-virya)建瞿摩帝、牛頭山二大伽藍（見方譯《東伊蘭語卽於闐國語考》）。瞿摩帝之對音爲 Gomati，卽今於闐哈喇哈什河之梵名，斯坦因謂大約在河東之 Kohmârî 山，今此山尚有石室云。

慧達一人，先未言及，胡《跋》云："惟慧達一人，不在九人之列，豈從他道相從者乎？"梁啓超則謂僧傳有慧應，無慧達，疑慧達卽前慧應。余按宋（齊）王琰《冥祥記》（《法苑珠林》一〇三）東晉末亦有沙門名慧達，其事跡如下："晉沙門慧達，姓劉，名薩荷，西河離石人也。……年三十一，暴病而死，體尚溫柔，家未殮，至七日而穌。……奉法精勤，遂卽出家，字曰慧達。太元末尚在京師，後往許昌，不知所終。"《高僧傳》十三所記略同；又《釋迦方志》四云："元魏太武大延元年，有沙門劉薩何者，家於離石南高平原，今慈州也，昔行至涼州西番禾郡……何遂死於酒泉城西七里澗中。"是此僧元嘉中尚生，惟皆未言其曾遊天竺，是否同人，難以決矣。

《佛祖歷代通載》晉武帝太康壬寅（三年）下云："有劉薩訶病死入冥……旣甦，出家名惠達。"按《高僧傳》稱慧達寧康中至京師，《通載》蓋誤以孝武帝太元為武帝太康也。

《四庫全書總目·佛國記》云："又於闐卽今和闐，自古以來，崇回教法，《欽定西域圖志》考證甚明，而此書載其有十四僧伽藍，衆僧數萬人，則所記亦不必盡實。"按于闐俗重佛法，僧尼甚衆，見《魏書·西域傳》及《水經注》，當日修書諸臣，縱謂內典不屑窺，寧史傳亦未之見？然此亦自有故，蓋乾隆三十六年高宗曾製《翻譯名義集正訛》，謂和闐為自古及今不易之回部，回部本自有回經，不信佛教云云（《西域圖志》一九）。皇言綸綍，固或有知之而不敢斥其非者矣。

顯等停三月日，待觀行像。行像從四月一日為始，至十四日訖。旣過四月行像，僧紹一人隨胡道人向罽賓(Kashmir)。

僧紹後來行蹤未詳。

隋彥琮《辨正論》云："舊喚彼方，總名胡國，安雖遠識，未變常語，胡本雜戎之胤，梵唯眞聖之苗……語梵雖訛，比胡猶別。"安指道安，蓋六朝以前，通稱天竺為胡國也。

道人乃僧之別稱，如《記》下文云："見秦道人往。"又云："我

等諸師和尚相承已來，未見漢道人來到此也。"均是此義。牟融《理
惑論》："僕嘗遊於闐之國，數與沙門道人相見。"則東漢舊名矣。

此罽賓乃晉以後之罽賓，卽支僧載外國事之罽密，《大唐西域
記》之迦濕彌羅；《漢書》之罽賽❶，則為《西域記》之迦畢試 (Kapiśa)，
兩地迥別。自西晉末葉以還，外國翻經師不審漢籍古地，如安法欽《阿
育王傳》（三〇六），羅什《大智度論》（四〇五），求那跋陀羅《雜阿
含經》（四三五）等，均以罽賓當迦濕彌羅，初祇指鹿為馬，久乃習
非成是，罽賓之本稱，遂成張冠李戴矣（說別詳拙著《漢書西域傳地
里校釋》）。Beal 氏以此罽賓為 Kâbul (op. cit.p.XXVII, n.14)，更遠於事
理。蓋唯僧紹等向迦濕彌羅，故由於闐別道，西南行以趨捷徑，若所
向者高附（卽 Kâbul)，固可同隊西逾葱嶺，無事獨行矣。

顯等進向子合國 (Sarugh-chupan) 行二十五日到其國。

子合初見《漢書·西域傳》，云："西夜國王號子合王，治呼犍谷，去
長安萬二百五十里……東北到都護治所五千四十六里，東與皮山、西
南與烏秅、北與莎車、西與蒲犂接……子合土地出玉石。"

次《後漢書》一一八云："《漢書》中誤云西夜、子合是一國，今
各自有王，子合國居呼鞬谷❷去疏勒千里。"次《北史》九七云："悉
居半國、故西夜國也，一名子合，其王號子（奪合字），治呼犍，在
於闐西，去代萬二千九百七十里。"

又次《通典》一九三云："朱俱波，後魏時通焉，亦名朱俱槃國，漢
子合國也，今并有之（據《寰宇記》一八六，此"之"字應衍）。漢
西夜、蒲犂、依耐、得若四國之地，在於闐國西千餘里，其西至喝槃
國，南至女國三千里，北至疏勒九百里，東至葱嶺二百里。"（《新唐

---

❶ "罽賽"，《漢書》中無此名，應爲 "罽賓"。——編者註

❷ "呼鞬谷"，《漢書》中爲 "呼犍谷"。——編者註

書》二二一上之文，全鈔《通典》，略改面目耳。)

自是而後，子合之名，史不復見。關於今地之考定，《皇輿西域圖志》一八首發其凡，云："裕勒阿里克在波斯恰木南七十里，有小城，東北距葉爾羌城三百里，由是西南為漢西夜國地。……按漢西夜國北與莎車接，莎車即今葉爾羌，則西夜故國，當在葉爾羌南境，裕勒阿里克西南也，所治以谷名，應附葱嶺而居者，至北魏時為悉居半，唐為朱俱波也。"又云："庫克雅爾，在裕勒阿里克西五里，東北距葉爾羌城三百里，按後漢時西夜、子合各自為王，裕勒阿里克為西夜國，則庫克雅爾當為後漢子合國也。"此以子合當今裕勒阿里克 (Yularik) 之說也（庫克雅爾相去祗五里，故可以裕勒阿里克括之）。《漢西域圖考》五云："子合為悉居半國（即朱俱波，亦作朱駒波）……宋雲於明帝神龜三年往天竺，子合又名朱俱波國。"此因俱駒同音異寫，因謂朱駒波即子合之說也。外人方面則 Klaproth 氏以子合當英噶薩爾 (Yangi-hissar)，謂其地有車路南入葱嶺也 (Beal, op. cit.p.XIV), Beal 氏疑即《西域記》之斫句迦 (op. cit. LXX-XVIII), 地約當今之葉爾羌也。沙畹 (Chavannes) 氏謂即今哈爾噶里克 (Karghalik)（見《中國之旅行家》），依《西域圖志》一八，其地北距葉爾羌三（原誤二，茲校正）百二十里也。總而言之，諸家之說子合，要不離乎葉爾羌附近，余初次屬稿，迷於舊說，及今思之，蓋難辭盲從之咎矣。夫諸家所考定，無論為裕勒阿里克、庫克雅爾、英噶薩爾，或哈爾噶里克，均有相同之缺點一焉，即對於舊籍中子合、呼犍、悉居半等名，絕無相當之對音以為證，是也。外此則四地之中，英噶薩爾位居最北，距喀什噶爾祗二百里（據《西域圖志》一七），與他家考定之說叉，地點絕不相容，不為學者稱道，可無置論。所餘裕勒阿里克三地，相去不過數里或數十里，在本文上無關重要，故總括辨之。考顯師自於闐進向子合，在道二十五日乃到，今和闐（卽於闐）與葉城（卽哈爾噶里克），直距不足四百里，縱甚緩行，豈須兩旬以外；況焉耆與和闐，直距幾千三百里，而顯師在道，亦祇一月五日，沙行艱難，人理莫比，猶可日行四十里以上，而謂非沙行艱難者竟如是濡滯耶？不可通一也。宋雲《家記》，於闐國境東西三千餘里，勢力縱極東伸，西邊未必如是短促，不可通二也。職是數故，益啟余疑，徧翻輿書，乃得兩地，與呼犍、悉居半對音均合，厥地維何，則 Wakhan 及 Sarugh-chupan 是也。夫《北史》之呼似密，與 Kwarism 相當，則呼應為 Wa, 白法祖《佛般泥洹經》之犍梨，與 Khanda 相當，則犍應為 Khan, 故曰呼犍谷之語原，乃 Wakhan 也。悉萬斤與 Samakand 相當，則悉應為 Sa, 如 chupan 之 ch 讀作 k, 則 chupan 適為居半之對音，故曰悉居半之語原，乃 sa (rugh) -chupan（西域地名謂卽今 Sarhad) 也。質言之，子合者今 Sarhad 以東之地也。夫諸家必求子合於葉爾羌附近，固無非《圖志》之言，先入為主耳；《圖志》之論據，最要在北接莎車一語，但莎車國境廣狹，吾人未之確知也。烏秅，余嘗考定為後來之烏萇（見下文），其國在印度北境，今以子合為 Sarugh-chupan, 未嘗不合乎西南接烏秅之一語也。范《書》稱北去疏勒千里，疏勒舊治是否今喀什噶爾，學者尚懷疑問，然以 Sarhad 迤東當子合，視范《書》固大致不悖也。若如丁謙引《西域水道記》裕勒阿里克玉為證，則古代之玉，來自和闐，產玉之地非一處。高樸疏言："葉爾羌河向不產玉。"（《水道記》一）則葉爾羌舊不以玉稱，如斯單純之佐證，謂足以決定子合地理耶。同治十三年（一八七四）戈登 (Charles George Gordon) 氏《帕米爾游記》（光緒丁酉譯本），自沙和達 (Sarhad) 至塔什庫爾干行七日，又自塔什庫爾干至葉爾羌約行十二日，顯師以二十五日自於闐至子合，尚非不可能之事；因《記》文於故莎車國絕不提及（依《魏略》，莎車時已併屬疏勒），疏勒亦未之言

（竭叉非疏勒，已辨見前文），顯師是否必經葉爾羌西進，尚有討論之餘地也。

或者曰，子合為 Sarugh-chupan，既聞命矣，朱駒波卽子合，固子之所認也，然宋雲《家記》七月二十九日入朱駒波國，八月初入漢盤陀國界，漢盤陀自 Yule 氏考定為塞爾勒克（見《圖志》一八，卽《西域水道記》一之塞勒庫勒，英文作 Sarikul），或其首邑塔什庫爾干 (Tash-Kurghan, 此云石塔) 而後，學者曾無異議，子將何說以處此？余曰，此亦不實不盡之考證也。漢盤陀，Julien 氏疑其原語作 Khavandha, st. Martin 氏還原作 Karchu, Beal 氏從之，藤田氏（《往五天竺國傳箋釋》）更疑是伊蘭語 Kuhundiz 之對音，城砦之義。按第一說無古今史地可證。第二說為 Yule 氏所駁，已甚透闢 (Beal, op. cit. p.298, n.46)。然 Yule 氏塔什庫爾干之認定，揆諸宋雲記載，曾無一當；雲言：“西行六日登蔥嶺山，復西行三日至鉢盂城，三日至不可依山，其處甚寒，冬夏積雪，山中有池。”為問未至塔什庫爾干以前，曾有池否？雲又言：“自發蔥嶺，步步漸高，如此四日，乃得至嶺，依約中夏，實半天矣，漢盤陀國正在山頂，自蔥嶺已西，水皆西流。”為問塔什庫爾干，果能當山頂及東西分水界之地位否？雲又言：“城東有孟津河，東北流向沙勒。”《往五天竺國傳箋釋》云：“城東臨河，西流而東折，為葉爾羌河，宋雲行記之孟津，《唐書·西域記》之徙多河，是也。”為問孟津之稱，何自而來，能下一轉語否？戈登《游記》云：“塔什庫爾干為石方堡……下堡八里，卽所謂薩雷闊勒 (Sarikul) 平地（亦統名塔什庫爾干，有回莊十二），此平地迤南頗遠，幾至乾竺特 (Kanjut or Hun-za)。”又楊哈思班 (Young Husband)《游記》（光緒丁酉譯本）云：“再西逾池吉里克、句科克馬克二山口，而至塔戛爾瑪平地，由此再南，卽塔什庫爾干矣。”是塔什庫爾干者，在新疆實謂之平地，古人縱拙，平原高嶺，未必不分，今以平原之塔什庫爾干，當半天之漢盤陀，說寧有當。夫宋雲《家記》之毒龍池非他，卽今格什庫里 (Guzkul, 此云鵝湖）也，戈登氏離塔什庫爾干後第四日抵此，其湖水增為一，水減為三,《漢書》所謂三池也，最大者 Wood 氏稱曰維多利亞 (Victoria) 湖，地高萬三四千呎。戈登《游記》稱塔什庫爾干西行第三日，經尼若塔什山口，山南北行，為東西大分水界，此所謂葱嶺已[1]西水皆西流也。戈登《游記》云：“喀喇噴赤 (Kala Panja) 者五堡也，堡濱河，河闊為八十呎。”此河名 panj，P 與 m 通轉，j 與津同紐，孟津河者 Panj 之音轉也。h 聲與 k 聲有密切關係，吳其昌氏言之，t 與 j 可通轉。余嘗於《課餘讀書記》Kuijun 條下言之，d 與 j 可通轉，則有天篤天竺為例。伯希和 (Pelliot) 氏云：“中國古翻，往往將複名前一名之尾字之 la 省去，其例不少。”(《佛學研究》一一〇）綜合數義，卽知漢盤陀之語原，應為 Kala Panja（法文作 Kala Pandja),《續高僧傳》二作渴羅槃陀，尤無省略，喀喇噴赤為瓦罕 (Wakhan) 酋所居（見戈登《游記》），蓋至晚近尚為重要之都會。戈登《遊記》云：“自離尼若塔什山口以後，當通至阿克塔什平地之處，尚有樹木，可以當薪，一入帕境便難遇。”夫固謂“葱嶺高峻，不生草木”，然由是益反證塔什庫爾干之非漢盤陀矣。若以孟津河東北流向沙勒為疑，則先於宋雲者如道安，後於宋雲者如玄奘，皆有此種誤會，誠如藤田氏所謂“玄奘誤以為與徙多河合，是在當時，固不足怪”者。F.W.Rudler 氏有云：“Nephrite is said to occur also in the Pamir region.”(Ency. Brit. jade) 是 Wapkhan 亦許出玉石，此等事祇可作旁證，不能盡恃也。至 Sarugh-chupan 是否確卽今之 Sarhad，惜余於此名本據，尚無所知，不能作斷定語耳（參觀下於麾釋地）。

《西域記》十二云：“（商彌）國境東北踰山越谷，經危履險，行

七百餘里，至波謎羅川……自此川中東南，路無人里，登山履險，唯多冰雪，行五百餘里，至朅盤陁國……城東南行三百餘里至大石崖……大崖東北踰嶺履險，行二百餘里至奔攘舍羅（唐言福舍）。葱嶺東岡，四山之中，地方百餘頃，正中墊下，從此東下葱嶺東岡，登危嶺，越洞谷，谿徑險阻，風雪相繼，行八百餘里出葱嶺，至烏鎩國……從此北行山磧曠野，五百餘里，至佉沙國……從此東南行五百餘里，濟徙多河，踰大沙嶺，至斫句迦國。”烏鎩，Beal 氏還原為 u-chu (Och)，其地可疑。若斫句迦之為哈爾噶里克（葉城縣），佉沙之為喀什噶爾，固多數考據家所認定者。佉沙南去烏鎩，東南去斫句迦，依玄奘紀程，數約相等，以斜線長於垂線之理推之，則烏鎩之緯度，應與斫句迦平列，或且比其較南。今蒲犁縣治（塔什庫爾干）與葉城幾東西相直（約北緯三八度），以當烏鎩，或尚近於事理。（羽溪氏以葉爾羌當烏鎩，更與奘師行踪不合。）今考據者弗問遠近，竟擬為烏鎩西去需程千二百餘里之朅盤陁，僕誠不知其可矣。戈登《遊記》云：“未至沙和達里許，即為平地，闊約一里，直西至喀喇噴赤止。”與《西域記》云“地方百餘頃”暗合。《新唐書》（二二一下）小勃律王居孽多城，即 Gilgit，五百里當護密之娑勒城，即 Sarhad（《往五天竺國傳箋釋》），娑勒者，舍羅之音轉也。《西域記》朅盤陁東南行三百餘里，復東北行二百餘里，至奔攘舍羅，則後者約在前者之東四百里，今喀喇噴赤東至沙和達約七十五哩，依外人古六里約當一哩之計算，數亦相等，是比核奘《記》、宋《傳》及今《輿》，而朅盤陁之即喀喇噴赤，毫無可疑者也。

《往五天竺國傳》云：“又從胡密國東行十五日，過播密川，即至葱嶺鎮……外國人呼云喝飯檣國，漢名葱嶺，又從葱嶺步入一月，至疎勒。”此之胡密，即都今之 Kunduz（說見下段），疎勒即喀什噶爾。夫謂 Kunduz 至塔什庫爾干行祇十五日，而塔什庫爾干至喀什噶爾乃行一月，其誰信之？賈耽《四夷通道》（《新唐書》四三下）云："自疏勒西南入劍末谷、青山嶺、青嶺、不忍嶺，六百里至葱嶺守捉，故羯盤陀國。"或據此以為喀什噶爾至塔什庫爾干直距三百里，與六百里之數近，似也，然顯、奘、超三師事均親歷，賈相空記傳聞，徒引此文，已非確證。況《西域記》謂烏鎩役屬揭盤陁，則烏鎩之墟，亦可曰故羯盤陀國。開元而後，大食東侵，守捉所治，保無內徙，書里較近，安知非事出有因耶？此余所謂漢盤陀之今地，實應西移，通諸子合考證而無滯者也。

或者又曰，漢盤陀當喀喇噴赤，姑如子言，抑宋雲《行記》有云："九月中旬入鉢和國。"鉢和今之 Wakhan 也，而子顧位漢盤陀於斯，亦有說耶？余曰，《北史》九七（當本自《魏書》）云："伽倍國，故休密翎候，都和墨城，在莎車西，去代一萬三千里。"《西域記》一二云："屈浪拏國……從此東北登山入谷，途路艱險，行五百餘里，至達摩悉鉄帝國（亦名鑊侃，又謂護蜜❶）……尸棄尼國（按此四字當是衍文，《三藏法師傳》五六無之）。昏馱多城，國之都也。"《往五天竺國傳》云："又從此犯引國北行廿日，至吐火羅王住城，名為縛底耶……又從吐火羅國東行七日，至胡蜜王住城。"又《新唐書》二二一下云："護蜜者……曰鑊偘，元魏所謂鉢和者……王居塞迦審城，北臨烏滸河。"按和墨、護蜜、胡蜜，祇一音之轉，其為同國，自無可疑；但觀諸家所記，則都城初為和墨，貞觀至開元間為昏馱多（慧超《傳》雖未舉城名，但自縛底耶 Balkh 至塞迦審 Ishkashim，非七日可達，故知是昏馱多也），其後為塞迦審，曾不一地，前人休密之釋，說繁不能備引，然昏馱多之為 Kunduz (Beal, op. cit. p.39n.125)，塞迦審之為 Ishkashim（《往五天竺國傳箋釋》），殆絕無可疑者。易言之，則都城有自西徂東之勢。由此搆

---

❶ "護蜜"又作"護密"。——編者註

思，余乃恍然於白鳥氏以 Sarik-Chaupon（卽前文之 Sarugh-chupan）當和墨（《西域之佛教》六五頁），非特言音不對，且復新舊混淆，蓋和墨非他，卽墨底耶西南之 Khulm 也。Wakhan 之 han 可翻和，故 Khulm 之 hu 亦可翻和，墨則與末尾之 m 完全吻合。(《漢書》二八上休屠，孟康注云：“休音許虬反。”則休與 hul 肖，又今北語讀胡如 hu，是胡蜜亦為對音。)伽倍則 Khulm 對河 Kabadian 首二音 (Kaba) 之省譯，亦卽《梁書》五四之呵跋柂國。(《匯編》五冊八六頁從堀謙德說，呵跋柂卽揭盤陁，非也。)《梁書》云：“呵跋柂國……亦滑旁小國也……胡密丹國，亦滑旁小國也。”白鳥氏附胡密丹於護蜜之列(《西域之佛教》六五頁)，立說良允，意者當日此國兼有其地，故國稱伽倍，城稱和墨耶？據是推論，乃知休密一國，初都縛芻下游，唐中而後，始東遷山嶺，故《新唐書》娑勒屬護蜜。宋雲西行之日，都城想猶在 Khulm，所謂入鉢和者，蓋已逾喀喇噴赤而西也。若 Wakhan 一名，乃帕米爾與印度庫施山脈間一長狹地帶，故《漢書》子合治呼犍谷。《往五天竺國傳箋釋》云：“胡蜜王城已為塞迦審，若從吐火羅城縛底耶，則東行七日，決不能至，日數必誤，七或廿之譌。”蓋未知護蜜都城之未遷。又云：“案《西域記》達摩悉鉄帝國條云，尸棄尼國昏馱多❶ (Khandut) 城，國之都也，與《唐書》不合，但昏馱多乃尸棄尼之城，玄奘之時，偶為此國之都城耳。”蓋不知勘以《三藏法師傳》文，“尸棄尼國”四字之當衍，而《唐書》所載塞迦審，乃開元以後之新治。(此亦或受大食東侵影響。)又云：“獨怪玄奘已歸至鉢和，何更越大山之南而至商彌國，是實不可解者也。”殊不知奘師當日所到，是昏馱多，非塞迦審，取道商彌，不過略為迂折。如是說法，則推之舊籍而皆準矣。吾人考古，不可不疑，亦不可妄疑，是在乎折衷得當也。

---

❶ “昏馱多”後文中又見“昬馱多”，應是同一國名。——編者註

抑余尚有所欲言者，則宋雲之行，實自今和闐西上，經塞爾勒克、沙和達、喀喇噴赤，極於 Kabadian 及 Khulm（大約於 Pata Kesar 渡口度河），始折而東，入昆都斯（卽嚈噠），取道 Panjshir 流域（卽波斯）以至 Chitral（卽商彌），其前半程途，大略可覩。《行記》嚈噠下云："見大魏使人，再拜跪受詔書。"烏場下云："國王見大魏使宋雲來，拜受詔書。"又乾陀羅下云："宋雲詣軍通詔書，王凶慢無禮，坐受詔書。"蓋當日嚈噠强大，威震西疆，宋氏之行，順兼聘問，明乎此，則知其取途迂折，與他僧徒略異者，非無故矣。

住子合國十五日，南行四日入葱嶺，到於麾國安居。

葱嶺，今人率祇以帕米爾 (Pamirs) 當之（如《西域地名》）。此在《西域記》，固當如是解釋，但在兩漢六朝古籍，則陳義未免太狹。蓋印度庫施山脈，起自塔克敦巴什 (Taghdum bash Pamir) 之首，其北麓為我國與乾竺特分界 (Ency. Brit.)。乾竺特之西曰 Yasin，有河曰 Yashkun，《漢書·西域傳》云："捐毒國……南與葱嶺屬，無人民，西上葱嶺，則休循也。"Yasin 或 Yash (k) un 者卽休循之遺音（其說別見拙著《漢書西域傳地理校釋》），此《漢書》以印度庫施山脈為葱嶺之證也。蘖多河 (Gilgit R.) 之初源曰 Ghazar 河，其地有 Ghizar 小部 (Ency. Brit.)。道安《西域志》云："其國名伽舍羅逝……出羅逝西山，山卽葱嶺也，逕岐沙谷，出谷分為二水。"（《水經注》二）Ghazar 或 Ghizar 者岐沙之遺音，此道安以印度庫施山脈為葱嶺之證也。蘇婆流域 (Swat R.)，北以印度庫施山脈為分水嶺，卽六朝時烏場國所在（見下烏萇釋地）。宋雲《行記》云："十二月初入烏場國，北接葱嶺，南連天竺。"此宋雲以印度庫施山脈為葱嶺之證也。越在顯師，說尤明晰，達麗羅川 (Darel) 在蘖多城 (Gilgit 南，卽陀歷國所在（見下陀歷釋地）。顯師記云："其國（竭叉）當葱嶺之中，自葱嶺已前，草木果實皆異，唯竹及安石榴、甘蔗三物與漢地同耳。從此西行向北天竺，在道一月，得度蔥嶺，蔥嶺冬夏有雪……彼土人卽名為雪山也，度嶺已，到北天竺，始入其境，有一小國，名陀歷。"夫謂度嶺已卽入陀歷，則未入陀歷之前，斯為蔥嶺，此則顯師記文以印度庫施山脈為蔥嶺之確證也。戈登《游記》云："沙和達西三十三哩，有村曰巴巴唐吉，再西曰桑，為帕米爾河南流入瓦罕蘇處，此兩村之間居民，夏令大半出巴洛哈爾 (Baroghil Pass) 等山口，游牧於乞托拉爾 (Chitral)。"蓋此山口有路直通乞托拉爾，外人謂是漢僧往來之要隘，乞托拉爾都城去印度庫施山脈之正分水界，約四十七哩，其南坡特起方頂之 Tirach Mir 峯，下臨乞托拉爾，為全脈中最高者 (Ency. Brit.)，我國人向以峯最高者為中，顯師謂竭叉當蔥嶺之中，其觀察良不謬也。今由印度赴乞托拉爾，凡有兩道：（一）繞經蘗多城，計行山程二百哩，中越蘗多與 Mastuj 間之 Shandur 山隘，高一二二五〇呎；（二）自 Peshawar 經蘇婆流域及 Bajour，過 Lowarai 山隘（一〇四五〇呎），計程一百哩（據 Ency. Brit. Holdich 氏說）。顯師蓋取前道，故過蘗多城後乃出蔥嶺也。或以顯師在道一月為疑，考《往五天竺國傳》云："又從烏長國東北入山十五日程，至拘衞國。"超師蓋取後道，前道長約倍於後道，則在道一月，非悖於事理也。或又謂自乞托拉爾向蘗多為東出，顯師云西行向北天竺，則方望不合，殊不知古代僧徒，以入竺為西行，顯師此處所記，祇是渾括言之。顯師既自蘗多城方面出嶺，則必越巴洛哈爾山口，既越此山口，則必經乞托拉爾，由是而竭叉應為乞托拉爾，益得一佐證矣。

於麾，《漢西域圖考》七云："魏《書》作權於摩國。"丁謙《魏書西域傳考證》云："但距子合僅四日程，當在今沙昔都爾地。"惟同人《佛國記攷證》又云："記言在子合南四日程，當在今奇靈卡地。"兩釋不同，其純出肌測可知矣。考《北史》九七云："權於摩國，故烏耗國也，其王居烏耗城，在悉居半西南，去代一萬二千九百七十里。"《西域圖志》四六云："按《漢書》，皮山國西南至烏耗國千三百四十里，皮山在於闐國西，今自和闐城西行至拔達克山國都亦千三百餘里，路適相當……則今之拔達克山，在漢為烏耗，在魏為權於摩也……《唐書》不載烏耗、權於摩、阿鉤羌諸國，而有喝盤陀，由疏勒西南六百里至其國。今之喀什噶爾，古疏勒地，西南六百里至拔達克山，道里相合。"按烏耗卽顯師之烏萇，喝盤陀卽今之喀喇噴赤，說分見前後文，姑舍不論。但烏耗在皮山西南，拔達克山在和闐之西，祇就《圖志》所徵引之方望核之，已不適合，若謂喝盤陀卽權於摩，更不過修書諸臣，意為揣測（喀什噶爾西南至拔達克山，直距已約三百五十哩，行程更不止此），絕無佐證。顧現代之中外考訂家，對於拔達克山說，雖不予承認，獨其所謂喝盤陀卽權於摩者，仍因誤弗改，此則余所大惑不解者也。悉居半，余既考定為 Sarugh-chupan 之對譯，則於麾一國，當於其西南求之，考宋雲《行記》云："八月初入漢盤陀國界。西行六日，登葱嶺山，復西行三日，至鉢猛城。"（據《漢魏叢書》本）張宗祥合校本《伽藍記》鉢猛作鉢盂，Beal 氏譯作 Kiueh-Yu，注云："或作Kong-Yu。"(op. cit.p.LXXXIX) Kiueh 與 Kong 均不見於張氏校本，以余揣之，當是 "鉤" 及 "權" 字之對譯。今乞托拉爾住民，多半為 Kho 種，一稱 Khowar，後名經 Stein、藤田兩家考訂為《唐六典》之俱位、《往五天竺國傳》之拘衞、《十地經等後記》之拘緯，按權於之二合音為 "俱"，權於麾（摩）者卽後來之俱位、拘衞也。顯師記文之於麾，實為 (K) hoswar 隱去 k 音之對譯，與 (K) hotan 之譯於闐相同，權於麾則顯示 k 音之對譯也，故李氏謂於麾與權於摩同一殆絕無可疑者。由此推之，今《伽藍記》之鉢盂或鉢猛，當以 Beal 氏見本為合，應正作 "鉤盂" 或 "權盂" 蓋淺人不察，因義近而改 "鉤" 為 "鉢"，又因字近而誤"盂"作"猛"也。"鉤盂"或"權盂"之二合音為 Kho, 顯師與宋雲，均於離子合後首經此地，其為同一，亦甚顯然，意者當日 Kho 種在子合之西、漢盤陀之東，自成聚落，及後被强種 Ronas 壓逼，乃南徙於今地，Holdich 氏云："Ronas 種勇於戰鬥，來自北方。"(Ency. Brit.) 其說可互相印證也。《北史》所稱故烏秅國，據《西域記》三烏仗那國舊都，并不在此方，丁氏已疑其誤，但彼沙昔都爾或奇靈卡之證，齊亦未為得也。

安居已，行二十五日到竭叉國，與慧景等三人合。

梁啟超《千五百年前之中國留學生》云："計在今新疆省內共行百二十二日。"按自燉煌起至此止，顯師記文所載日數，祇百二十一日（一月作三十日計），梁氏已多算一日。又依上各條釋地，則未至子合已前，其一部行程，業出今新疆境外，在新省境內者，最多不過九十日耳。記文稱到竭叉國，值其王作般遮越師，漢言五年大會也，會多在春時云云，合以下文行程觀之，疑顯師等於此多有逗遛，與前在於闐候觀行像無異，特記未詳載耳，故將度嶺程途，列入下年。

般遮越師 (Pañchavarshâ, parishad), 東晉僧護《因綠經》作般遮于瑟大會，蕭子顯《御講摩訶般若經序》作無遮大會 (Moksa Parisad), 僧祐《賢遇經記》云："般遮于瑟者，漢言五年一切大衆集也，《翻譯名義集》作般遮跋利沙。"

沙畹 (Chavannes) 氏謂顯師復由竭叉還於麾，已辨見上文。

元興元年，壬寅（弘始四——四〇二），西行向北天竺，在道一月，得度葱嶺。度嶺已，到北天竺，始入境，有一小國名陀歷 (Dâril)。

《記》文"西行"二字，是渾括言之，說見上文。《西域之佛教》（一〇九頁）云："西元四〇二年，法顯入北印度。"

《西域記》三云："烏仗那國……其王多治瞢揭釐城……東北踰山越谷，逆上信度河，途路危險，山谷杳冥，或履絚索，或牽鐵鎖，棧道虛臨，飛梁危構，椓棧躡隥，行千餘里，至達麗羅川，卽烏仗那國舊都也。"Cunningham 氏《印度古地理》云："達麗羅谷 (Dâril or Dârail) 在印度河西岸，當英東經七十三度四十四分，中有達麗羅川，達羅脫人 (Dardus or Dards) 居之，川蓋因住人而名也。"此達麗羅，Beal 氏謂卽陀歷 (op. cit. p.134n.37)，地在蘖多城南，義淨譯《大孔雀王呪經》作達剌陀國，《五天竺國傳箋釋》謂卽《通典》之陀羅伊羅。丁謙《攷證》以為鉢盧勒，非是。《箋釋》又云："陀歷……為今達拉特 (Dardistan) 地方。"此亦當分別言之。蓋 Dardistan 之名，純為科學家意造，用以指示印度之西北邊界，所包頗廣 (Ency. Brit.)，陀歷小國，不足以當全稱也。

唐道宣《釋迦方志》云："後燕建興末，沙門曇猛者，從大秦路入達王舍城，及返之日，從陀歷道而還東夏。"按建興為慕容垂年號，始太元十一年，終太元二十一年，當二十一年慕容寶參合之敗，支曇猛身與其役，見《晉書·後燕載記》，則曇猛過陀歷時，與顯師先後約差十年也。

順嶺西南行，十五日渡新頭河 (Indus R.)。

新頭河，Beal 氏疑是蘇婆河，沙畹氏謂是蘖多河，前說是也。

王謨《佛國記跋》云："《白帖》又引法顯《記》：佛生於殷末，道成於周初，至成王十二年，經律始到新頭河。注：河卽張騫所到之處。今考《佛國記》亦載有新頭河，下乃云漢之張騫、甘英皆不到，又云菩薩像立在佛泥洹後三百許年，計於周氏平王時，亦與彼文不同。"按《法苑珠林》一二〇云："問法琳法師曰，依《辯正論》第五卷云，姚長謙曆言佛是昭王甲寅歲生，穆王壬申之歲始滅度，因何《法顯傳》云聖殷王時生。"又同卷引法琳之言曰："今按《法顯傳》云,聖出殷王時生者,但法顯雖外遊諸國,傳未可依,年月特乖殊俗,實為河漢。"所云"聖殷王時生"者,純由《記》文"泥洹已來一千四百九十七年"推算得之,非傳中實有此語也。至佛氏誕年,不下十說(見後義熙六年下),由商武乙至商末,計七十六年,周初至周幽王末,計三百五十二年,合計四百二十八年,是《記》文所謂泥洹後三百許年為周平王者,卽商武乙時降生之說,與《白帖》佛生殷末道成周初,絕不相悖。若成與平音義均近,古書展轉鈔錄,訛誤時有,苟執武乙之說,則泥洹後至平王十二年確為三百許年,至成王則祇十許年耳,此吾人勿庸以面目已非之《白帖》(與宋孔傳《續帖》相混)而致疑《記》文之訛舛者也。《水經注》一引法顯云："漢之張騫、甘英皆不至也。"《高僧傳》三云："皆漢之張騫、甘英所不至也。"此皆六朝時書,見聞較近,張騫指求身毒,卒未得通,史有明文,人所爛熟,《白帖》之"張騫所到",安知非奪去不字而應作"所不到"耶?

《中國之旅行家》云:"經新頭 (Indus) 河支流之 Gilgit 流域,躡懸絚,過新頭河,至迦濕彌羅 (Cachemire),《佛國記》雖未記載此地,要必為法顯等所必經也,復渡新頭河至烏萇國。"按顯師度葱嶺已,先經陀歷,次順嶺西南行渡蘗多河,入蘇婆上流之烏萇,其經行途徑,均在今迦濕彌羅西北,沙畹氏謂為顯師等必經,非也,不然,何未聞與僧紹會耶?

渡河便到烏萇國 (Uḍḍiyâna),是正北天竺也。

烏萇國,符秦曇摩難提譯《增壹阿含經》作烏仗國,羅什譯《大金色孔雀王經》作烏纏國(義淨譯同本作烏長國),宋雲《行記》或作烏場國,梁寶唱《名僧傳》作憂長,《西域記》作烏仗那國。《漢書》有烏秅國,北與子合、蒲犁接,其西有縣度,縣度者石山也,谿谷不通,以繩索相引而度云；與本《記》所言崖岸險絕，其山為石，壁立千仞，躡懸緪過河，河兩岸相去減八十步者，不特地望相符，情狀亦合。黃楙材《印度劄記》云：“烏耗卽烏萇，一作烏仗那。”是也。《漢書》註：“鄭氏曰，烏耗音鷁拏，師古曰：烏音一加反，耗音直加反，急言之聲如鷁拏耳，非正音也。”余按依師古則烏耗與 udya 對音，依鄭氏則鷁拏與 ana 對音，意者此國本譯稱烏耗鷁拏，昔人因其音多，或從省略，此亦古籍中常見之例，鄭氏不察，遂誤鷁拏為烏耗之音，而師古又從而辨之也。不然，何四字連合急讀之，竟適成 Udyâna 之對音耶？或者曰，子謂烏萇卽《漢書》之烏耗，然《漢書》固云烏耗北與子合、蒲犂接，西有縣度，又云罽賓東至烏耗國二千二百五十里，則烏耗應在罽賓之東。今說者已證漢之罽賓卽唐之迦濕彌羅，而子顧位烏耗於蘇婆流域，是烏耗反在罽賓之西，得毋與舊說不相容耶？余應曰，子所持者乃中史舊說，以漢之罽賓當唐之迦濕彌羅（卽今之克什米爾，晚近法儒烈維、沙畹亦如是主張），故烏耗不得為烏萇。余所信者藤田豐八之說，以為漢之罽賓，應在唐之建馱羅迤西，約與迦畢試 (Kapis) 相當（說見慧超《往五天竺國傳箋釋》，太繁不備引），故烏萇得為烏耗也。《西域記》三云：“烏仗那國……其王多治瞢揭釐城（今 Manglaur)，……東北踰山越谷……行千餘里，至達麗羅川，卽烏仗那國舊都也。”曰舊都，可見烏耗國境初達東北，後乃逐漸南徙，封域雖異，名號實同，果何礙於《漢書》北接子合蒲犂，西有縣度之文耶。《新唐書·吐火羅傳》有越底延，云：“南三千里距天竺，西北千里至賒彌……居辛頭水之北，其法不殺人，重罪流，輕罪放……多稻米石蜜。”烈維 (Levi) 氏疑卽烏萇，但又以同書別有《烏萇傳》且不載越底延之事為疑。余按《北史》云：“烏萇國在賒彌南，……南至天竺，……豐稻麥，……為法不殺，犯死罪唯徙於靈山。”則與越底延之事合，又慧超《往五天竺傳》殘卷云："又從此建陀羅國正北入山三日程，至烏長國，彼自云鬱地引那。"則與越底延之音合，此皆可證實烈氏之說而《新唐書》為一國兩傳也。至烏萇所在，則為今之蘇婆 (Swat) 流域，《一統志》謂烏耗今拔達克山 (Badakshan),《印度剖記》謂今德列 (Delhi)、威聊 (Hérat) 等部，丁謙謂今阿富汗國加非利斯坦省 (Kafiristan) 之班底者，均誤。

慧景、道整、慧達三人，先發向那竭國 (Nagarahâra)。

羅什譯《觀佛三昧經》稱佛影石室在那乾呵羅(那)國毒龍池側，慧遠《萬佛影塔銘序》云："佛影今在西那伽訶羅國南山古仙石室中，度流沙從徑道，去此一萬五千八百五十里。"又《高僧傳》三佛馱跋陀羅生北天竺那呵梨城，均即此地。《道藥傳》作那迦羅訶國,《西域記》作那揭羅曷國,《漢西域圖考》七謂那揭國即《佛國記》之那竭國，是也。其地舊為 Jalālābād 區之首邑，經 W. Simpson 氏考定，在今 Surkhar (or Surkh-rud) 河及 Kabul 河合口之角隅，地當右岸，慧立《三藏法師傳》又稱為燈光城 (Dîpaṅkara), Nagara, 猶云城也 (Beal, op. cit. p.91n.36)。

顯等住烏萇國夏坐訖，南下到宿呵多國 (svât)。

Beal 氏謂宿呵多即 Svât。慧超《往五天竺國傳箋釋》云："案西業者多，殆《法顯傳》之宿呵多 (swat)。顯《傳》云，法顯等住此國（烏萇）夏坐，坐訖，南下到宿呵多國。又云，從此（宿呵多）東下，五日行至犍陀衛國，然則宿呵多在烏萇之南，建馱羅之西約五日程，今參以此《傳》，知宿呵多在建馱羅之西北，乾 (Cunningham) 氏以為布尼爾 (Bunir) 地方，惹爾 (Giles) 氏以為蘇伐斯丁 (Swastene) 地方，皆非也。"按烈維氏云："法顯巡歷時，曾在宿呵多國見此割肉貿鴿處，此宿呵多國應為烏萇乾陀羅間之 Svat……最後玄奘詳記此國在烏仗那（烏萇）之南。斯坦因 (Stein) 根據此說，曾在 Svat 與 Indus 兩河之間

Bunes 之內 Girarai 地方，發現其遺跡。"(《史地叢考續編》二三九頁）是 Buner (Bunir) 卽在 Svat (Swat) 流域，其為古之宿呵多，又經發掘證明，乃藤田氏一方旣承認 Swat，一方又否認 Bunir，復未提出其的確地點，殊令人索解無從也。

馮承鈞[❶]《西域地名》云："Suvastu，《佛國記》作宿呵多，《西域記》作蘇婆伐窣堵。"Suvâstu 亦作 Śubhavastu，卽 Arrian 之 Suastos，Ptolemy 之 Soyastos (Beal, op. cit. p.126n.24)。

從此東下五日，行到犍陀羅國 (Gandhâra)。

漢安清譯有《犍陀國王經》，《長阿含經作》乾陀羅國，《西域記》作犍馱邏，云："舊曰乾陀衞，訛也。"《華嚴經·音義》三云："乾陀羅國，此云持地國，謂昔此國多有道果聖賢，住持其境，不為他國侵害也。又云乾陀是香，羅謂陀羅，此云遍也，言遍此國內多生香氣之花，故名香遍國。其國在中印度北、北印度南二界中間也。"據伯希和氏說，衞乃印度地名古語尾 vati 之譯音。此犍陀衞國，按卽《西域記》之布色羯羅伐底城，顯師記云："佛為菩薩時，亦於此國以眼施人，其處亦起大塔，金銀校飾，此國人多小乘學。"彼記云："（布路沙布邏）東北行五十餘里，渡大河，至布色羯羅伐底城……然皆遵習小乘法教……是釋迦佛昔為國王，修菩薩行，從衆生欲，惠施不倦，喪身若遺，於此國土千生為王，卽斯勝地，千生捨眼，捨眼東不遠，有二石窣堵波，各高百餘尺，右則梵王所立，左乃天帝所建，以妙珍寶而瑩飾之。"其勝蹟、事實無殊，從知同為一地矣。慧超《往五天竺國傳》云："此城（建馱羅）俯臨辛頭大河北岸而置，此城西三日程為一大寺……此寺名葛諾歌。"箋釋云："案葛諾歌，《西域記》二犍馱邏國條作迦膩色迦 (Kaniska)，云王城外東南八九里有卑鉢羅 (Pippala)

---

❶ "鈞"當爲"鈞"。——編者註

樹，又云卑鉢羅樹南有窣堵波……又云大窣堵波西有故伽藍，迦膩色迦王之所建也……此伽藍已在布路沙布邏城外東南八九里，而此《傳》云此城西三日程為葛諾歌寺，則當時建馱羅王城斷非布路沙布邏矣。"觀乎此，則知犍陀衞之都城，當法顯及慧超時，均不在布路沙布邏。復按宋雲《家記》稱乾陀羅城東南七里有雀離浮圖，後魏《道藥傳》作城東四里，觀其所記迦尼色迦王出遊見四童子因緣，知即此記之弗樓沙國，則自後魏太武（四二四——四五一）末年至唐初，國都又在布路沙布邏。書說不同，其中間嘗遷此地耶？抑冬夏異居，如我國所謂正都陪都耶？Beal 氏云："布色羯羅伐底城 (Pushkarâvati)，健馱邏國之舊都也，相傳為布色羯羅王 (Pushkara or Pushkala) 所建，大約在今 Hashtanagara 地方，南去 Pêshâwar 十八哩，臨蘇婆河，距此河與 Kâbul 河 (Kôphên or Kôphês) 合口處不遠。"(op. cit. p.109n.92)《中國之旅行家》云："按即古之 Poushkaravati, 在今之 Charsadda 附近。"丁謙謂即干達馬克，按干達馬克之英名為 Gandamak, 乃 Jâlâbâd 西邊三十五哩之一村，丁說非也。

《宋書》有斤陁利國，《梁書》作干陁利，丁謙《攷證》云："斤陁利，《佛國記》作乾陀衞。"按乾陀衞在北印，當時與我國交通，率經西域，似未必繞道南海；況《梁書》謂其地"檳榔特精好"，檳榔非北印所產，丁說不足信也。又干陁利即斤陁利，《梁書》具言之，乃丁氏《梁書攷證》又採《明史》說，謂干陁利即三佛齊古名，更未免後先矛盾矣。

自此東行七日，有竺刹尸羅國 (Takshaśilâ, Taxila)，復東行二日，至投身餧餓虎處。

竺刹尸羅，《唐宋叢書》本、《漢魏叢書》本、《學津討原》本、支那內學院本均作竺，《四庫》本《水經注》作糺尸羅國。羅什譯《大金色孔雀王經》有卓叉始羅國，與乾陀羅國並舉，義淨譯作得叉尸羅，烈維疑卓字為誤，余按安法欽譯《育王傳》云："時有國名奢叉尸羅。"奢卓同紐，則當時固有此種翻法也。宋譯《因果經》作德叉尸羅國，《西域記》作呾叉始羅國。《歷代求法翻經錄》校正為笪刹尸羅，余按天毒天篤，可轉天竺，則竺字未必是訛也。Beal 氏云："竺刹尸羅，宋雲謂在印度河東三日程，《西域記》同，Cunningham 氏以為在今 Shah-dheri 附近，曾於 Kâlaka-sarai 東北一哩許，發見古城遺蹟，計窣堵波 (stupa) 不下五十五所，寺二十八所，祠五所。歐洲古學者，如 Arrian Strabo, pliny, Ptolemy 等，均嘗記載 Taxila 之偉大富庶，St. Martin 氏據 Pliny 書，謂其地在今 Shah-dher 西北八哩之 Hassan-Abdal 云。"(op. cit. p.136n.43)

從犍陀衛國南行四日，到弗樓沙國 (Purushapura)。

弗樓沙國，《漢西域圖考》七謂即《西域記》之跋虜沙城，Beal 氏則以布路沙布邏 (Purushapura) 當之。按《西域記》，自醯羅城東南行五百餘里，至健馱邏國都布路沙布邏，又東南行二百餘里，至跋虜沙城，此記則醯羅城東距弗樓沙國十六由延，弗樓沙國北至犍陀衛國計行四日，如以一由延為卅里，則十六由延為四百八十里，與五百餘里約相當；又弗樓沙國之佛鉢及罽膩迦王 (Kaniska) 塔，彼記均叙於布路沙布邏下，兩兩比勘，知李說為非。《續高僧傳》云："犍陀囉國人也，此云香行國焉，居富留沙富邏城，此云丈夫宮也。"富留沙富邏亦即布路沙布囉，《慧超往五天竺國傳箋釋》云："布路沙布邏 (Purusapura)，《法顯傳》作弗樓沙，《魏書》《北史》作富樓沙。"Beal 氏云："犍陀邏國在 Kabul 河下游，跨河而立，介於 Khoaspes (Kunar) 及辛頭兩流域之間，即 Ptolemy 之 Gandaræ 首都曰布路沙布邏，當今 Peshâwar 地方。"(op. cit. p.97n.54)

39

復按《西域記》之跋虜沙，《洛陽伽藍記》作佛沙伏（丁謙謂沙伏二字誤倒），《伽藍記》云："至正光元年四月中旬，入乾陀羅國……本名業波羅國，復西行三日（張宗祥校本作月者誤），至辛頭大河……復西行三（張宗祥校本作十三亦誤）日，至佛沙伏城……城北一里有白象宮。"是也。丁謙《攷證》，誤以弗樓沙、富樓沙、佛伏沙、跋虜沙四名併為一地，蓋音近而易混，故并識其分別於此。

寶雲、僧景二人自此還。又慧景、道整、慧達三人，赴那竭國供養佛影訖，慧景病，道整住看，衹慧達還至此處相遇，達亦隨寶雲回國。

《高僧傳》三，釋寶雲，未詳氏族，涼州人。求法懇惻，忘身狥道，以晉隆安之初，遠適西域，與法顯、智嚴先後相隨，後還長安，隨佛馱跋陀業禪師進道，俄而禪師橫為秦僧所擯，雲亦奔散。會廬山釋慧遠解其擯事，共歸京師，安止道場寺。雲性好幽居，遂適六合山寺，譯出《本行讚經》，以元嘉二十六年卒，春秋七十有四。其遊履外國，別有記傳云。按寶雲之書，隋唐志均未著錄。《釋迦方志》云："五謂東晉隆安初涼州沙門釋寶雲，與釋法顯、釋智嚴等前後相從，俱入天竺，而雲通歷大夏諸國，解諸音義。"按寶雲經何道回國，今無可考，道宣所記，豈據寶雲記傳而書之耶？其參贊譯事，前引智嚴傳外，尚有兩節：一，《高僧傳》三《僧迦跋摩傳》："慧觀等以跋摩妙解雜心，諷誦通利……即以其年（景平元年）九月，於長干寺招集學士，更請出焉，寶雲譯語，觀自筆受。"二，宋慧觀《勝鬘經序》云："請外國沙門求那跋陀羅手執正本，口宣梵音……釋寶雲釋為宋語……大宋元嘉十三年歲次玄枵，八月十四日，初轉梵輪，訖於月終。"又《高僧傳》三《求那跋陀羅傳》："後於丹陽郡譯出《勝鬘楞伽經》，徒眾七百餘人，寶雲傳譯，慧觀執筆。"《開元錄》五寶雲下，著錄《佛本行經》七卷，《新無量壽經》二卷，《淨度三昧經》二卷，《付法藏經》六卷，云"右四部一十七卷，前一部七卷見在，後三部十卷闕本。"丁國鈞《補晉書藝文志》云："《佛所行讚經傳》五卷，寶雲，見隋《衆經目錄》。"按《開元錄》云："《佛本行經》七卷，或云《佛本行讚傳》……或云五卷……《高僧傳》云《佛本行讚經》。"

《西域之佛教》云（二五四頁）："尚有弘始六年（西元四〇四）與智猛經於闐而赴印度之寶雲。"按雲既返國，未再出遊，羽溪錯氏不審何緣致誤，豈錯認僧傳之智嚴為智猛耳？

由是法顯獨進，西行十六由延 (Yôjana)，至那竭國界之醯羅城 (Hidda)。

由延，《西域記》云："夫數量之稱，謂踰繕那，舊曰由旬，又曰踰闍那，又曰由延，皆訛略也。踰繕那者，自古聖王一日軍行也，舊傳一踰繕那四十里矣，印度國俗，乃三十里，聖教所載，唯十六里。"按《那先比丘經》云："去是二千由旬，合八萬里。"此一由延為四十里也。《華嚴經音義》云："准此方尺量，二里餘八十步當一俱盧舍，計一由旬合有一十七里餘二百八十步。"此一由延約十六里也。此記所稱，似從印俗作三十里算，因下文謂北行一由延到那竭國城，而《西域記》則謂那揭羅曷國城東南三十餘里至醯羅城也。四庫本《水經注校勘記》云："案由巡即由旬，書內通用，近刻訛作由延。"按東漢孔孟詳譯《興起行經》，姚秦佛陀耶舍譯《長阿含經》，陳眞諦譯《阿毗曇論》，均作由延，是由延為東漢舊翻，而顯師採用道元轉錄者，庫本所云，蓋失考矣。

醯羅，St. Martin 氏還原為 Hidda，其附近今稱 Bêgrâm，亦猶"城"之義也。

從此北行一由延，到那竭國城，住此冬二月。

顯、奘二師之入印，取途各異，故經行所至，後先不同，《漢西域圖考》七云："法顯由東來，故先至健馱羅，此（玄奘）由西北來，故先至此（那揭國）也。"

《唐宋》、《漢魏》及《學津》本均作二月，唯支那內學院本作三月。

二年，癸卯（弘始五——四〇三），顯與道整、慧景共三人，南度小雪山，慧景道卒。

胡《跋》云："至弗樓沙，又有慧達與寶雲、僧景還歸秦土，而慧景遂於佛鉢寺無常，則所云顯等三人南度小雪山者，是道整與慧應也，何得復云慧景不堪復進。檢蕭梁《高僧傳》，亦云慧景，此慧景當作慧應，將由南朝時便誤寫矣。其後道整竟留天竺，惟慧達一人，不在九人之列，豈從他道相從者乎？按記文自弗樓沙至醯羅城一程，大書獨進，可見慧應斷非同行。又記文於行輩離合，除智嚴等五人趕到偈彝一節外，來去均甚分明，未必慧達一人，獨在此時加入。"胡氏所持者最要在"慧景應在佛鉢寺無常"一語，但"應"之為義，是追述時歸咎運命之語，不云小雪山而云佛鉢寺者，乃舉其附近勝地言之，慧達卽慧應，究以梁說（見前）為可信也。

小雪山，丁謙謂卽今阿富汗都城南之白瓦里山，未詳所指。按今 Jâlâlâbâd 之東南，有 Khyber (Khaiber) Pass，乃古來軍行所經，如亞歷山大、元太祖及帖木兒等，均嘗取道於此，顯師度小雪山，豈卽經過此隘耶？

過嶺南到羅彝國 (Rohi)，住此夏坐。

Beal 氏謂 Rohi 卽 Afghanistan，丁謙《大典圖考證》云："《佛國記》有羅彝國，英人恭寧翰 (Cunningham) 考，謂卽元奘《西域記》之漕短吒。"

夏坐訖，南下行十日，到跋那國(Varnu)。

羅什譯《大金色孔雀王經》有跋那國 (Varnu)，義譯作跋怒國，不空譯作色（原誤邑）城，烈維謂《西域記》十一之伐剌拏國，卽今 Bannu，必為此 Varnu 之對音云。按 Bannu 在印度河西，東北距 Peshâwar 可一百哩。惟本《記》稱國有三千許僧，皆小乘學，《西域記》則謂僧徒三百餘人，並學大乘，其學風已迥然不同矣。《西域地名》云："Varnu，《佛國記》作跋刺，……二譯《阿毗達磨大毗婆沙論》作筏剌拏，二譯《孔雀王經》作跋怒，三譯作跋那。"按跋刺是跋那筆誤；據《開元錄》，《孔雀王呪經》羅什第四譯，義淨第八譯，無論如何，羅什遠在義淨之前，謂二譯作跋怒三譯作跋那者亦誤。丁謙謂卽今哈爾奈，未詳所指。

從此東行三日，復渡新頭河，過河，有國名毗茶 (Bhida)。

毗茶，Beal 氏謂卽 Bhiḍa。丁謙謂卽今克爾普爾，按克爾普爾似為 Khairpur 之音譯，乃印度省名，其地失之偏南，又有同名之城，約在北緯二十九度許，英東經七十二度許，不知丁氏果何指也。梁啟超云"計在今阿富汗國境共行三十三日"，又云"自燉煌至毗茶共費百五十九日"，按就梁氏所列日期計之，前者應為三十四日，少算一日，後者應為百五十八日，多算一日，然猶其小焉者耳。顯師自度葱嶺到陀歷國起，迄毗茶國止，其間曾南下至 Peshâwar, 東南抵 Rawalpindi 附近，固非盡今阿富汗國境也，此說之未安者一。記中行途，如南下到宿呵多國，西行十六由延至醯羅城，北行一由延到那竭國城，又南度小雪山到羅彝國，均未舉日程，所行不止三十三日也，此說之未安者二。蓋顯師遊踪，自離弗樓沙西行起，始漸入今阿富汗境，梁氏所舉三十四日中，如自陀歷順嶺西南行之十五日，宿呵多東下到犍陀衞之五日，犍陀衞南至弗樓沙之四日，均在印度境內，所可稱在阿富汗境者，祇羅彝到跋那十日程中之一部耳。

從此東南行減八十由延，到摩頭羅國 (Mathurâ)。

羅什譯《大金色孔雀王經》有摩偸羅國（義淨譯作末度羅國，不空作末士羅城），《西域記》有秣菟羅國，《漢西域圖考》七云：“卽《佛國記》之摩頭羅國。”《華嚴經》又作摩度羅城，唐慧苑《華嚴經音義》云：“或云摩偸羅，亦云摩突羅，此云孔雀城，或云密善，皆吉事者也。”卽今之 Muttra，當英東經七十七度四十一分，北緯二十七度二十八分。

《漢西域圖考》云：“按此（指《西域記》行程）皆游踪，非大道，法顯由那竭至摩頭羅，祇經羅彝、跋那、毗荼三國，是可見也。”按顯、奘二師，取途各殊，且此段七十餘由延（約一千餘里）程中，經過之地不少，特記從省略耳，李氏之說，未為是也。

復按此段行程之後截，似已度入元興三年。

三年，甲辰（弘始六——四〇四），又經捕那河 (Jumnâ or Yamunâ river)，從是以南，名為中國 (Mâdhyadeśa)，卽中天竺也。

捕那河，《水經注》一作蒲那（《四庫》本作蒲那般河，謂近刻脫般字云，但以記文與今音 Jumna 校之，則般字應是衍文，《四庫》之校，未見其是也）。《漢西域圖考》七云：“此隆德至河。”按隆德至河，徐繼畬《瀛環志略》作隆德勒至河 (Sutlej)，乃印度河支流，與此地渺不相涉，李氏誤也。考今 Muttra 之東為 Jumna 河，《西域記》稱閻牟那河，B 至 M 通轉，捕那卽牟那，惟缺去首音，蓋畸譯也。道安《西域志》作遙奴水，《新婆沙論》作闍母那河。

《記》文云：“法顯發長安，六年到中國。”自己亥至此甲辰，首尾恰為六年。

《四十二章經》云：“六根旣具，生中國難。”以天竺為中國，在佛教初來，卽有是稱。顯師記云：“見秦道人往，乃大憐愍，作是言，如何邊地人能知出家為道，遠求佛法。"又云："善哉！邊地之人，乃能求法至此。"又云："自傷生在邊夷。"又云："道整既到中國，……乃追歎秦土邊地衆僧，戒律殘缺。"蓋印僧自謂居世界之中，四方僧侶，亦以此稱之。《水經注》一云："自河以西，天竺諸國，自是以南，皆為中國，人民殷富，中國者服食與中國同，故名之為中國也。"其說非也。《四庫提要·佛國記》云："其書以天竺為中國，以中國為邊地，蓋釋氏自尊其教，其誕謬不足與爭。"

　　從此東南行十八由延，到僧迦施國 (Samkâsya)，住龍精舍夏坐。

　　僧迦施國，道安《西域志》作僧迦扇㮈揭城，按㮈揭 (nagara)，此云城也。《高僧傳》三作迦施國，蓋誤奪僧字，與下文迦尸國異。《西域記》作刼比他國，原註"舊謂僧迦舍國"，《漢西域圖考》七云："此即《佛國記》之僧迦施國。"Beal 氏云："此國與今之 Saṇkisa 相當，一八四二年，Cunningham 氏發見其遺址，恰在 Atrañji 之東南四十哩（卽二百華里）。"(op. cit. p.202n.110)《慧超往五天竺國傳箋釋》云："此地今稱僧結薩 (Saṇkisa)，在恆河殊木那 (Jumna) 河之間，此傳在兩恆河間者是也。《西域記》四云，從此西北行減二百里至羯若鞠闍國，《法顯傳》云，從此東南行七由延 (Yojanas) 到罽饒夷城，乾 (Cunningham) 氏以為二百里約今三十三英里，七由延約今四十九英里，方位亦異，自葛奴治 (Canauj) 至僧結薩，實東南行約五十英里，法顯所傳蓋信矣。"按上所言，係以一由延當四十里計算，Sankisa 在今 Kanauj 西北之 Farrukhabad 區中。

　　夏坐訖，東南行七由延，到罽饒夷城 (Kanyâkubja)，城接恆水 (Ganges)。

　　罽饒夷，《西域記》作羯若鞠闍國，原註"唐言曲女城國"，《往五天竺國傳》作葛那及。Cunningham 氏云："羯若鞠闍，今稱 Kanauj，《西域記》稱劫比他西北行減二百里至其國，誤也，應正作東南行減三百里。闍饒夷為北印首都者蓋數百年，但其重要遺蹟，多已湮沒，今城祇占古城之北部耳。"(Beal. op. cit. p.206n.1) 按《三藏法師傳》"從此西北行二百里至羯若鞠闍國"，學院本校注云："記作東南行減。"未言所校何本，豈據近人說而改正者耶？又今 Kanauj 東臨恆河，而《西域記》言羯若鞠闍西臨殑伽，豈"西"為"東"之筆誤耶？同記下文又言城在殑伽河西大花林中，則城在河西無疑，Beal 氏釋作濱臨恆河西岸）(borders or lies near the western bank of the Ganges.)，亦屬曲為之解。學院本註一（四）云："《西域記》五作拘蘇磨補羅，即曲女城。"按《西域記》云："羯若鞠闍國人長壽時，其舊王城號拘蘇磨補羅（唐言花宮）。"拘蘇磨補羅與羯若鞠闍地點雖同，名義則異。且《西域記》八亦云："昔者人壽無量歲時，號拘蘇摩補羅城（唐言香花宮城），……逮乎人壽數千歲，更名波咤釐子城。"是有此稱者又不止一地也。《水經注》："恆水又東逕闍賓饒夷城南。"賓字後人因涉闍賓而誤衍也。

恆水，見東漢安清譯《恆水經》，《西域記》作殑伽河。

度恆水南行三由延，到呵梨林，從此東南行十由延，到沙祇大國 (Sâk ta)。

《水經注》一 "恆水又東南逕沙祇國北"，無大字，蓋猶下文云瞻波大國耳。《漢西域圖考》七云："疑即後書之沙奇城。"按《魏略》云："車離國一名禮惟特，一名沛隸王，在天竺東南三千餘里，其地卑溼暑熱，其王治沙奇城，有別城數十，人民怯弱，月氏天竺擊服之，其地東西南北數千里，人民男女皆長一丈八尺，乘象橐駝以戰，今月氏役稅之。"車離者，Kôsala 節略首音之畸譯也，禮惟特者，Srâvastî 節略首音之譯文也。Prasênajit，東晉曇無蘭翻作不犁先尼、不黎沛隸，祇一音之轉，故沛隸王者波斯匿王也。漢魏以今北印度為天竺故，曰在天竺東南三千餘里。《後漢書》一一八云："東離國居沙奇城，在天竺東南三千退里。"東離實車離之訛，Cunningham 氏謂東離卽記文之多摩梨帝國，丁謙謂沙祇國卽烏德部 (Oudh) 之沙遮亨普爾 (Shalljahanpur)，《西域地名》以車離為 Cola，均非是，蓋一則禮惟特、沛隸王、沙奇三名，未得解證，一則當日月氏勢力，不能達於半島海岸也。《史記·大宛列傳》正義引《括地志》云："沙祇大國卽舍衞國也，在月氏南萬里，卽波斯匿王浚（按浚應作治，唐人諱改之）處。"沙祇曾為拘薩羅國都 (Ency. Brit)，舍衞亦屬此國，故云沙祇大國卽舍衞國，沙祇之攷證，唐初早有定論矣。

沙祇，羅什譯《大金色孔雀王經》作娑枳多國，義淨譯稱娑鷄覩或娑鷄多，《月藏經》作娑寄多國。又馬鳴《菩薩傳》云："出自東天竺桑岐多國。"（據《法苑珠林》引，但今本無此語。）沙桑音轉（例如桑門與沙門），亦卽此沙祇大國。

Beal 氏云："鞞索迦國 (Viśâkhâ)，Cunningham 氏疑為法顯所稱沙祇之 Sâkêta，亦卽今之 Ayôdhyâ 或 Oude 也。"又云："如來淨齒楊枝樹，法顯《佛國記》亦於沙祇下叙之，氏謂鞞索迦卽沙祇者因此。"(op.cit. p.239ff.) 學院本註（一五）云："《西域記》五作鞞索迦，傳有如來淨齒遺枝被伐尋生因緣，又有四佛行坐遺迹，同此。"蓋本前說而立言，但記文言沙祇國南行八由延到舍衞城，彼記言鞞索迦東北行五百餘里至室羅伐悉底國（卽舍衞），使沙祇果是鞞索迦，何以方向懸殊若此？卽如外人之言，顯師記文"南行八由延"，應正作北行，而五百餘里殆八由延之二倍，數目亦大相差。又況《西域記》之阿輸陁，是否非 Ayôdhyâ，尚待論定耶。考《西域記》五云："羯若鞠闍國……大城東南行百餘里，至納縛提婆矩羅城，據殑伽河東岸……納縛提婆矩羅城西

47

北，殑伽河東，有一天祠……城東五里有三伽藍，自此東南行六百餘里，渡殑伽河，南至阿踰陁國。"Beal 氏云："羯若鞠闍或納縛提婆矩羅，東南東去 Ghâghra 流域之 Ayôdhyâ，約百三十哩，但欲以阿踰陁當 Ayôdhyâ，頗有種種困難，卽使謂 Ghâghra 河卽玄奘之殑伽，亦難解於彼何以須渡此河在^❶南行也。反之，如謂玄奘循殑伽行六百里而後渡河，則將去今 Allahâbâh 不遠，又為不可能之事。Cunningham 氏因此疑六百里為六十里之訛，認阿踰陁與 Kâkûpur 古鎮相當，其地西北去 Kanhpur (Cawnpore) 二十哩。"(op.cit.p.225.n.43) 按 Cunningham 氏此說，驗以《西域記》原文，計有誤會者三點：《記》明言納縛提婆矩羅城可羯若鞠闍都城東南百餘里，今乃謂羯若鞠闍或納傳提婆矩羅同去 Ayôdhyâ 百三十哩，不審作何解法，一也。依《記》納縛提婆矩羅在殑伽河東，今所考定之 Kâkûpur 似在河西，二也。卽如氏言，六百里為六十里之訛，但 Cawnpore 去羯若鞠闍五十餘哩，再加 Kâkûpur 去 Cawnpore 二十哩，共七十餘哩，又依同氏說，一哩約當《西域記》六里（見前僧迦施釋地），是彼所認為納縛提婆矩羅者，乃在羯若鞠闍東南四百餘里，與《記》百餘里不符，三也。若奘師由納縛提婆矩羅東南赴 Ayôdhyâ，亦可先渡過 Ghâghra (Gogra) 河上游，次乃再渡此河而南至其地，但渡過上游之際，正在六百餘里行程中，《記》文略而弗叙耳，是所謂渡河南行，并無難解之處。此外如 Ayôdhyâ 與阿踰陁之對音脗合，八百里（百餘里與六百里相加）與百三十哩之程距相當，均足證明阿踰陁應為今之 Ayôdhyâ (Oudh)，易言之，卽鞞索迦不能為今之 Ayôdhyâ，蓋此是奘師親歷，與史臣祇據傳聞同國兩傳者情勢迥異，一地固不能當兩國也。然則鞞索迦果當今何地耶？考《西域記》五又云："渡殑伽河，北

---

❶ "在"當作"再"。——編者註

至迦奢布羅城……自此北行百七八十里，至‥**❶**索迦國。"迦奢布羅

經 Cunningham 氏證為 Gômatî 流域之 Sultânpur 鎮 (Beal, op. cit. p.237n.67)，

在 Ayôdhyâ 之南四十餘哩，則鞞索迦應在今 Ayôdhyâ 之南約二十哩也。同

《記》又云："阿踰陁國……從此東行三百餘里，渡殑迦河，北至阿耶

穆佉國……從此東南行七百餘里，渡殑伽河南，閻牟那河北，至鉢羅

耶（本或誤那）伽國。"鉢邏耶伽 (Prayâga) 即今 Allahâbôd，在 Ayôdhyâ

西南，Cunningham 氏所謂難解，度此亦其一端。按 Ayôdhyâ 東南八十哩

處有一鎮，名 Azamgarh，亦作 Azimgarh，居 Tons 流域之北，與阿耶穆佉

對音甚合，相傳為一六六五年大地主名 Azim Khan 者所設立 (Ency.

Brit.)。余意此地之名，在古當有所本，但不在 Ghâghra 河之南而在其北

（約當 Basti 之南），如是，則相距較近而可與阿耶穆佉相當矣。由此西

南行約百一二十哩（七百餘里），即為 Allahâbâd，余因是斷定《記》文

東南行應正作西南行，而 Cunninghan 氏所謂種種困難者，可完全解

決，鞞索迦之非沙祇益無疑義。若夫過去四佛經行遺迹，亦見《西域

記》阿踰陁國下，與淨齒遺枝，同非重要勝蹟，易於意造，印度有名

故事之地點，且往往轉移，若斯之類，更未得為攷證之重要信據也矣。

　　從此南行（應正作北行，說見後文）八由延，到拘薩羅

國 (Kôsala) 舍衞城 (Śrâvasti, Sâvatthî)，即波斯匿王 (Prase-

najit, Pasenadi) 所治城也。

　　拘薩羅國，名見《增壹阿含經》，漢失譯有《佛在拘薩國經》，吳

支謙譯《百緣經》作驕薩羅國，羅什《大金色孔雀王經》作俱莎羅國，《長

阿含經》作居薩羅國，《西域記》作憍薩羅。《漢西域圖考》七云："室

羅伐悉底國（《大唐西域記》），原註指為舍衞國，而下記從南印度復

回憍薩羅，則此至其北所屬之城，後乃至其國耳。"按《西域記》從

---

❶ "‥" 當爲 "鞞"。——編者註

南印度復回憍薩羅，乃南憍薩羅，與此非同一地。舍衛城，初見後漢安清譯《父母恩難報經》，隋譯《起世因本經》作舍囉婆悉帝城。《西域記》作室羅伐息底國，云“舊曰舍衛國，訛也。”玄應《一切經音義》三云：“舍衛國，《十二遊經》云無物不有國，或言舍婆提城（按此名見《大智度論》），或言捨羅婆悉帝夜城，並訛也。正言室羅伐國，此譯云聞者城，《法鏡經》云，聞物國，善見律云，舍衛者是人名，昔有人居住此地，往古有王見此地好，故乞立為國，以此人名，號舍衛國，一名多有國，諸國珍奇，皆歸此國也。”《華嚴經音義》云：“室羅筏國舊云舍衛國，具稱室羅筏悉底，此翻為好道，或曰聞物，此乃城名，非是國號，⋯⋯然國都號為憍薩羅，但以就勝易彰，故以城號國也。”Thomas 云：“舍衛乃拘薩羅國首都，在 Râmâana 書中，其首都為 Ayodhyâ（巴利語曰 Ayojjhâ），經近人考定為沙祇，殆無疑義。至名稱殊異之故，或因沙祇本一區之名，如波羅奈別號迦尸；或因 Ayodhyâ 有‘不可克’之義，戰勝者予以新稱也。總當是拘薩羅國勢力南伸，故沙祇代舍衛為首都矣。”(Life of Buddha, p.15)

《慧超往五天竺傳箋釋》云：“室羅伐悉底 (Śrâvastî) 乃此國梵名，舍衛 (Sâvatthî) 乃其波利 (Pali) 語。”至舍衛城當今何地，近人說者不一。Beal 氏云：“舍衛城亦稱 Dharmapaṭṭana，今 Rapti 河南岸有一廢邱，名娑哈摩哈 (Sâhet Mâhet)，Cunningham 氏謂卽其遺址，在 Ayôdhyâ 北約五十八哩，顧《西域記》稱鞞索迦東北行五百餘里至其國，則玄奘所取逕者顯非最短之路，若法顯謂自沙祇北（依《校正》說）行八由延，則方向遠近均合。又舍衛之名，亦見婆羅門典籍，相傳其城為 Śrâvasta 所建，其人乃 Śrava 王之子而 Yuvânaśva 王之孫云。”(op. Cit. p.1n. 1) 按上所言，乃依 Cunningham 氏鞞索迦卽今 Ayôdhyâ 之說，故謂《西域記》道里過長。但鞞索迦非今 Ayôdhyâ，已辨如前文，使如拙說，其地應再南約二十哩，則二十哩加五十八哩，約為八十哩，恰足與《西域記》五百餘里相當，所差者《記》言東北，方向略有不符耳。Thomas氏云："Cunningham 氏所考定之娑哈摩哈，在烏德部 Gonda 區中之西界。一八七五年，A. CL. Carlleyl 氏曾於 Basti 區之 Bhuila 地方發掘，謂彼認此為迦維羅衞故墟，縱非絕對無疑，要亦甚近事理。但據後來發見，乃知迦維羅衞似應在娑哈摩哈東北東之一地，而據《中國遊僧》記載，則迦維羅衞固在舍衞東南也。職是之故，V.A.Smith 氏遂將舍衞再移向東北，且稱已於廓爾喀 (Nepal) 境內 Rapti 流域上，發見其遺蹟，西南去 Naipalganj 路站祗數哩（一八九八），據所計算，與《中國遊僧》記載，更為相近；然雖如此，彼亦不能不將記載中之遠近數目，效 Cunningham 氏加以改正，最後且斷定法顯所到之迦維羅衞，異乎玄奘所到，以調和其間。惟娑哈摩哈地方陸續所出碑刻，殆已證實其必為古之舍衞（一九〇八——一九〇九），所尚難決者地居迦維羅衞之西南西，而《中國遊僧》則謂在西北也。"(op. cit. p.17ff.) 黃楙材《恆河攷》謂即非薩巴城 (Fyzabad)，則地與 Ayôdhyâ 相鄰，其誤不待辨。

波斯匿王，名見西晋《法炬所出經》，即《魏略》之沛隸王也（說見前，）東晉迦留陀伽譯《十二遊經》云："波斯匿王者晉言和悅。"吳支謙字經翻為卑先匿，東晉曇無蘭翻為不梨先泥，《西域記》作鉢邏犀那恃多王云："唐言勝軍，舊曰波斯匿，訛略。"《梁書》乃云："波斯國，其先有波斯匿王者以父字為氏，因為國號。"望文生義，丁謙氏已辨之。其治世舊多謂與佛同時，惟 Asôka Avadâna 所附世譜，則繫之前元三七五年以後，二九五年以前，雖未可信，然亦足資參較也，因錄諸後方：

(1) 蓱沙王 (Bimbisâra)，約前元五四〇——五一二。

(2) 子阿闍世王 (Ajâtâśatru)，五一二。

(3) 子 Udayibhadra 王，四八〇。

(4) 子 Munda 王，四六〇。

(5) 子 Kâkavarnin 王，四五六。

(6) 子 Sahâlin 王。

(7) 子 Tulakuchi 王。

(8) 子 Mahâmaṇḍala 王，約三七五。

(9) 子波斯匿王。

(10) 子 Nanda 王。

(11) 子 Bindusâra 王，二九五。

(12) 子 Susîma 王。

Thomas 氏云："梵文 Purâṇas 書中，有奇異之王室世系表一，其世系首珊闍耶 (Sañjaya)，次釋迦 (Śâkya)，次輸頭檀 (Śuddhodana)，次羅睺羅 (Râhula)，或作私達 (Siddârtha)，又作布色羯羅 (Pushkala)，復次波斯匿。然珊闍耶亦見於佛祖傳統中，釋迦則由種名變人名，佛之自身，以私達名號繼輸頭檀為王，但又與己子羅睺羅相混，且嗣位之波斯匿（巴利語 Pasenadi) 固與佛同時之拘薩羅王也。"(op. cit. p.20n.) 合觀上兩表及《魏略》之沛隸王，波斯匿時代，殊堪研究也。

城南千二百步道西為祇洹精舍 (Jêtavana vihâra)。

祇洹見《增壹阿含經》，又作祇桓，《西域記》城南五六里有逝多林，是給孤獨園，今已荒廢，原註"唐言勝林，舊曰祇陀，訛也"。

玄應《一切經音義》三云："祇樹或言祇跢（見康僧鎧譯《郁伽長者經》)，或云祇洹，皆訛也，應言逝多，此譯云勝氏，卽憍薩羅國波斯匿王之子也，婆那此云林，正言飯那，以樹代之耳。"玄奘譯《能斷金剛般若經》作誓多林。《華嚴經音義》云："逝多，梵言也，或曰制多。"按 Jêta 昔人曾否譯作制多，余未詳考，但《瑜伽師地論》十九與《阿毗達摩俱舍論》十四之制多，則其原語為 Kaitya,《內法傳》作制底，玄應《一切經音義》二十二云："制多，舊言支提，或言支帝，皆一也，此云可供養處，謂佛初生成道轉法輪及涅槃處，皆應供養恭敬，生諸福也。"《內法傳》第二十五章云："大師世尊既涅槃後，人天並集，以火焚之，眾聚香柴，遂成大蘊，即名此處，以為質底，是積聚義，據從生理，遂有制底之名。"此與祇洹立義逈異，因并辨之。

城西五十里到一邑名都維 (Tadwa)。

《太平御覽》七九七引支僧載《外國事》云："迦葉佛生碻國，今無復此國，故處在舍衞國西，相去三十里。"按《記》文言都維是迦葉佛 (KâśyaPa) 本生處，在舍衞城西五十里，則碻國即都維無疑。又《西域記》六云："大城（舍衞城）西北六十餘里，有故城，是賢刧中人壽二萬歲時迦葉波佛本生城也，城南有窣堵波，成正覺已初見父處，城北有窣堵波，有迦葉波佛全身舍利。"所叙名蹟，與都維同，然至唐初奘師已不能舉其稱，蓋荒廢者久矣。Beal 氏英譯《西域記》(p.13) To the noth-west of the capital 16li or so, 以六十里為十六里，或所見本誤。

從舍衞城東南行十二由延，到那毗伽邑。

那毗伽，Beal 氏譯本亦未還原，按《藝文類聚》七六引支僧載《外國事》云："鳩留佛姓迦葉，生那訶維國。"鳩留佛 (Krakuchchhanda Buddha) 即《長阿含經》之拘留孫佛，此《記》之拘樓秦佛，《記》文云："（那毗伽）是拘樓秦佛所生處，父子相見處，般泥洹處，亦有僧伽藍起塔。"又《西域記》六云："（刧比羅伐窣堵國）城南行五十餘里，至故城，有窣堵波，是賢刧中人壽六萬歲時迦羅迦村馱佛本生城也，城南不遠，有窣堵波，成正覺已見父之處。"三事比觀，知那訶維國即那毗伽邑之異譯也，惟訶維毗伽互倒，未詳孰是。

《太平御覽》七九七又引支僧載《外國事》云："那訶維國……在

迦維羅越南，相去三千里。"按記言那毗伽北行減一由延至一邑，又東行減一由延至迦維羅衛，是那毗伽在迦維羅衛西南約二三十里，此云曰千，顯是三十之訛。《漢西域圖考》七謂那毗伽卽《西域記》之刼比羅伐窣堵國，舊曰迦毗羅衛國，按迦毗羅衛，自有下文之迦維羅衛與之相當，李說非也。

Beal 氏云："拘樓秦佛所生處，必須於迦維羅衛西南約一由延（八哩）求之，若 Carlleyle 氏謂在 Nagra，則其地當迦維羅衛西北七哩半，未為是也。"(op. cit. p.18n.47) 按氏所謂迦維羅衛卽 Bhuila。

從此北行減一由延，到一邑。

《記》文云："是拘那含牟尼佛所生處，父子相見處，般泥洹處，亦皆起塔。"按《御覽》七九七引《外國事》云："拘那含國，牟尼佛所生也，亦名拘那舍，在迦維羅越西，相去復三十里。"則此邑本名拘那含國 (Kanaka)。又按拘那舍牟尼佛 (Kanakamuni Buddha) 卽《西域記》六之迦諾迦牟尼佛，彼記云："迦羅迦村馱佛城東北行三十餘里，至故大城，中有窣堵波，是賢刼中人壽四萬歲時迦諾迦牟尼佛本生城也，東北不遠，有窣堵波，成正覺已度父之處。"其地經 Carlleyle 氏考定為今之 Kanakpur 村，在 Bhuila（此地卽同氏認為古之迦維羅衛者，見前舍衛釋地）之西約一由延 (Beal, op. cit. p.19n.49)。但迦維羅衛之今地，後來又有異議（說分見前後文），是此說尚未能確立矣。

從此東行減一由延，到迦維羅衛城 (Kapilavastu)，城東五十里為佛生處。

迦維羅衛，見《漢法本內傳》，吳支謙《本起瑞應經》稱迦維衛，竺法護譯《普曜經》作迦維羅竭國，迦夷衛國，或省稱維衛，支僧載《外國事》稱迦維羅越國，《增壹阿含經》稱迦毗羅越或迦毗羅衛國，《十二遊經》云："迦維羅越國者晉言妙德。"羅什譯《大金色孔雀王經》稱迦毗羅國，宋譯《因果經》稱迦毗羅施兜國，《梁書·中天竺國傳》作嘉維國，《西域記》作刧比羅伐窣堵國，云："舊曰迦毗羅衛國，訛也。"義淨譯《孔雀王經》稱刧比羅國（不空作刧毗羅國），《華嚴經音義》云："迦毗羅城，具云迦毗羅幡窣都，言迦毗羅者，此云黃色也，幡窣都者，所依處也，謂上古有黃頭仙人，依此處修道，故因名耳。"文言之則曰父城。《內法傳》序云："酬恩惠於父城，發心者莫算"是也。《雙卷泥洹經》云："迦維衛國釋種民衆。"《雙卷大涅般槃經》則云"赤澤國諸釋氏"，是赤澤國亦似迦維羅衛之別譯也。

Beal 氏云："迦維羅衛國，大概卽今 Ghâgrâ 及 Gaṇḍakâ 兩河間自 Faîzâdâd 迄兩河合口之地帶，直接計量，周約五百五十哩，以路程計，當在六百哩已上，玄奘則估計周四千里。其都城同名，經 Carlleyle 氏考定為 Bhuila，在 Basti 區之西北部，西南去 Faîzâbâd 約二十五哩。此說若合，則玄奘所紀距舍衞之里數，實失諸太遠矣。"(op. cit. p.14n.18) Thomas 氏云："一八九六年，又廓爾喀境內 Nigliva 西南十三哩及 Padaria 村附近地方，發見一柱，上有刻文，由 Hultzsch 博士繙出，文云：'devânâmpriya Priyadarśin 王（按後一文乃碑刻中阿育王之畧銜）卽位之二十年，因釋迦牟尼佛誕於是間，親來敬禮，王命刻石，上作一馬（？），又命樹一石柱，（昭示）我佛生處。王復論民園 (Lummini) 之稅，（祇）供（收穫）八之一。' 近處又有一印度祠，尚存摩耶后 (Mâyâ) 產佛石像。由是舊傳之我佛生地，可以決定，且知迦維羅衞，必須再在其西若干里矣。顧中國遊僧，紀事互異，各地考定，遂無一致，V.A.Smith 氏有言：'法顯所到勝地，玄奘幾全見之，且增加數處，然其紀載實質，彼此大殊，頗令人難信兩家是同寫一地也。' 職是之故，氏遂斷定法顯所到之迦維羅衞，當今 Piprava，在 Padaria 西南九哩，玄奘所到者當今 Tilaura Kot，在其西北十四哩。"(op. cit. p.18ff.) 按顯師記迦維羅衞在舍衞東南約十三由延，七哩當一由延，則約今九十哩；奘師記東南五百餘里，一哩當六里，亦約今九十哩，彼此計程，並無大差，不過記事一從略一特詳耳。若此記論民園在城東五十里，彼記城南之東南三十餘里為箭泉，箭泉東北八九十里為臘伐尼林，核以數理，亦非絕不相容者。舍此而外，余確未見有所謂大殊之處，Smith 氏遽謂二師所到，非同一地，實所未喻。又據《中國之旅行家》，Padaria 村在英東經八十三度二十分，北緯二十七度二十九分。丁謙引《恆河攷》以迦維羅衞為哥祿普爾城 (Gorakhpur)，與近說不符。

《宋書》有天竺迦毗黎國，丁謙《攷證》云："迦毗黎，《佛國記》作嘉維羅衞。"證雖不誤，但本《記》實作迦維，作嘉維者乃《梁書》耳。《交廣印度兩道考》（九一頁）云："迦毗黎為中國人恆河之別名，非 Kapilavastu 也。"據余所見，以迦毗黎為恆河別名者，實始《通典》一九三之"都臨恆河，一名迦毗黎河"，然安知非河以地名？伯氏必謂迦毗黎國非 Kapilavastu，不知果何據也。

從佛生處東行五由延，至藍莫國 (Râmagrâma)。

藍莫，《漢魏》本誤藍草。《西域記》，劫羅伐窣堵東行二百餘里，至藍摩國，《漢西域圖考》七云："卽佛國記之藍莫國。"是也。其今地尚未能確考。

從此東行共十九由延，到拘夷那竭城 (Kuśinagara)，城北為希連河 (Hiranyavatî)。

拘夷那竭之梵名，又作 Kuśinagarî, Kuśanagara, Kuśigrâmaka, 或 Kuśinârâ，支僧載《外國事》作拘私那竭國，《增壹阿含經》作拘夷國或拘尸城，《長阿含經》作拘夷那竭城或拘尸那竭城，《涅槃經》作拘尸那，《西域記》稱拘尸那揭羅國。玄應《一切經音義》云："舊經中或作拘夷那竭，又作究施城那（城那二字當是誤倒）者，以梵言那伽囉，此云城也，譯言上茅城者，多有好茅故也。”按《西域記》矩奢揭羅補羅，注云，唐言上茅宮城，此以拘夷那竭為上茅城，或因梵名亦作 Kuśanagara（kuśa 上茅也）而云然耶？義淨又作俱尸國（《西域高僧傳·大乘燈傳》）或作俱尸那（《內法傳》第三十章）。《慧超往五天竺國傳箋釋》云：“維遜 (Wilson) 氏始以迦西亞 (Kasia) 邑為此國都城遺址，此邑在今額拉布爾 (Gôrpkpúr) 河東，正三十五英里，乾 (Cunningham) 氏云，釋迦寂滅之所，殆今摩陀格爾哥特 (Mâta-Kuarka-Kot)（故皇子城），在安路特華 (Anurudhwa) 邑西北乾度渠之西。”V.A.Smith 氏則謂應在廓爾喀 Kathmandu 都城東可三十哩，今尚未發見云。

　　《水經注》引支僧載《外國事》云：“佛泥洹後……送出王宮，渡一小水，水名醯蘭那，去王宮可三里許。”醯蘭那卽希運之異譯，羅什譯《觀佛三昧經》作熙運河，《西域記》六作阿恃多伐底 (Ajitavatî)，云：“城西北三四里，渡阿恃多伐底河，唐言無勝，此世共稱耳，舊云阿利羅跋提河，訛也，舊（典？）言謂之尸賴拏伐底河，譯曰有金河。”《漢西域圖考》七云：“按此卽《佛國記》之希連河，恆流支水。”玄應《一切經音義》二云：“阿利羅跋提河，《泥洹經》作熙連河，皆訛也，正言吤刺拏伐底河，吤刺拏此譯云金，伐底此言有，名為有金河，吤音許梨反，刺音力曷反。”按阿恃多伐底似卽《長阿含經》之阿夷羅婆（跋）提河，《婆沙論》作阿氏羅筏底河，殑伽四眷屬之一也。《慧超往五天竺國傳箋釋》云：“希連禪與尸賴拿伐底同音異字。”Beal 氏云：“《佛所行讚經》稱拘夷那竭臨近希連河，則此河必卽 Little Gaṇḍakî 河或其支流之一，其經流屢有轉徙也。”(op. cit. p.32 n.85)《翻譯名義集》引“章安云，相傳熙連祇是跋提，今言不爾，跋提大，熙連小，或言廣四丈，或八丈，在城北，跋提量在城南，相去百里”，其說似以跋提為正流而熙連為支流也。

《水經注》一引《法顯傳》作希連禪河，明朱謀㙔箋云："《觀佛三昧經》作熙連河，《佛國記》作希連禪河，《佛本行經》作尼連禪河，《法顯傳》無禪字。"按胡《跋》云："此書舊名《法顯傳》，據宋僧跋語，當名《佛國記》，《隋志》佛國記一卷，自在地理部，跋語定不足憑。但《法顯傳》原有兩種，其一種二卷者已亡，其一種祇一卷，則今書是也；《傳》尾有晉人記云，先所略者勸令詳載，顯復具叙始末，應是一卷者後出詳備，二卷者遂廢不行耳。梁釋慧皎云，顯遊履諸國，別有大傳，此書正當名《法顯大傳》以別之。"是本《記》自宋以來，已兼有《佛國記》《法顯傳》二名，卽使謂《隋志》之《佛國記》，與《水經注》引之《法顯傳》，原非一本，又竺法維亦有《佛國記》，見《通典》所引，但除本《記》而外，其他久已亡佚。若謂《法顯傳》是指《高僧傳》中之分傳，則今本僧傳并未說及此河。朱謀㙔與胡震亨同為萬歷中人，斷未必別見古本，乃箋中一稱《佛國記》有禪字，一稱《法顯傳》無禪字，所謂《佛國記》，豈指今釋藏本耶？此間無藏本參校，聊附所疑以待考（按近刊學院本亦祇稱希連河）。若《水經注》一所引《釋氏西域記》"尼連水南流恆水"，其水在迦耶城，正當《大唐西域記》之尼連禪河，名雖相似，實非同一，《佛本行經》之尼連禪河，諒亦此河，朱引誤也。

慧皎所謂大傳，度必與記傳同義，如同卷《曇無竭傳》"所歷事跡，別有記傳"，又《寶雲傳》"其遊履外國，別有記傳。"非必原書之署題，震亨謂當名大傳，失之過泥。考顯師自撰書之著錄，今可考者，最先為梁僧祐《出三藏記集》，稱《佛遊天竺記》一卷，闕名（隋以前作品）像記云："梁武帝天監元年，正月八日，夢檀像入國內，發詔往迎像，按《佛遊天竺記》及《優塡王經》云佛上忉利天一夏，為母說法。"（據《藝文類聚》）七六，唐道宣集《神洲三寶感通錄》四所記，大致相同。）今本《佛國記》稱"有國名僧迦施，佛上忉利天三月，為母說法來下處"，此《佛遊天竺記》即《佛國記》之證也。次為隋費長房之《開皇三寶錄》，稱《歷遊天竺記傳》一卷（亦據《開元錄》傳引，謂"亦云《法顯傳》，法顯自撰，述往來天竺事"云），按此兩名甚相近，不過費《錄》多一傳字耳。祐《錄》之書，智昇未見，而兩《錄》所著錄之顯師撰記，各祇一種，其為同書，毫無疑義，《開元錄》分列兩條，則過於慎重也。稍後於僧祐者為《水經注》，內引《法顯傳》多條，文同今《記》，是北方對於本《記》，早別有《法顯傳》之稱，此費《錄》所以謂亦云《法顯傳》也。唐初，修《隋志》，無《遊天竺記》之書，惟地理部有《佛國記》，特書沙門釋法顯撰，佛國即天竺，則其書即祐《錄》、費《錄》所收者亦無疑。同《志》雜傳部，又著錄法《顯傳》二卷，《法顯行傳》一卷，均闕撰人；其中一卷者，似即《佛國記》之複出，蓋《行傳》義即遊記，且卷數亦相同也。其二卷一種，由今各家所引遺文推之（見義熙六年下），或是別人演撰之小說，如今《西遊記》之類。胡氏泥於部別，謂本《記》不應入地理，然如《隋志》地理所著錄之《述征記》等，何嘗非遊記體裁，況全志中題法顯撰者祇此一種，胡氏果何據而謂今《記》非《佛國記》耶？夫後出詳備，卷數應比略者較增，理之常也，今胡氏謂二卷者為先出略本，一卷者為後出詳本，寧非逆事勢而悖理論？《法苑珠林》一一九云："《歷遊天竺記傳》一卷，右東晉平陽沙門釋法顯撰。"丁國鈞《補晉書藝文志》云："《遊歷（按應作歷遊）天竺記》一卷……或即《佛國記》之異名也。"蓋唐人引本《記》，仍多沿梁代稱謂，如《後漢書·西域傳》注作"釋法顯《遊天竺記》"，或"《天竺國記》"，《通典》一七四及《西戎總序》均作"法明《遊天竺記》"（法明即法顯，原注"國諱改焉"）；宋僧跋語，不過根據《隋志》，近刻學院本題《歷遊天竺記傳》，亦不過根據費《錄》。以余所見，此記標署，仍當從祐《錄》最古之名為合，慧皎之書，猶在僧祐後也。

按《記》文自在龍精舍夏坐以後，至未歸國以前，安居節不復特書，故分年記事，益難臆定。考顯師旅行，由長安至中印，需時六載，實較他人為特緩，而沼途攬勝，亦其一因，矧志切瞻仰之有年，一旦得遊聖區，耳目所接，均為名蹟，固當有留連不忍去者。計自上文離僧迦施起，迄下復還巴連弗止，里程可考，得百五十由延已上，以顯師行程之慢，斷非本年解安居後數月間可以畢事，茲故將後半程移入義熙元年，明知強為分畫，事屬武斷，然如此則恰符記文"停六年"之數，準之事理，要未為不合也。

義熙元年，乙巳（弘始七——四〇五），從此東南行十二由延，到諸梨車欲逐佛般泥洹處。

梨車卽 Lichhavis 或 Licchavis 之音譯，《長阿含經》云："毘舍離諸隸車輩。"梨隸音轉。又云："毘舍離國離車民衆。"梨離異寫。《雙卷大般涅槃經》作"維耶國諸離昌"，車昌音轉也。Beal 氏云："由 Sâñchi 刻像觀之，梨車之面貌，顯是北族，如頭髮、巾帽、樂器等，與龜茲同，巴利藏及北竺佛典均言其俗以淺彩色服飾見異，凡此佐證，梨車似卽月氏之一支也。"(op. cit. p.67n.) 又云："弗栗恃國 (Vṛĵĵis or Samvṛĵĵis) 者，弗栗恃種人八族組合之聯邦也，其一卽住落於毗舍離之梨車。政體共和，乃古代占領印度此部之北族所組合，後被摩竭提阿闍世王擊退之。"(op. cit. p.77n.)

諸者衆數也，記文言諸梨車者二：一則此文，一則敘阿難般泥洹事（見下引《水經注》）。《西域記》七云："栗呫婆子，舊曰離車子，訛也……諸栗呫婆子聞佛將入寂滅，相從號送，世尊既見哀慕，非言可喻，卽以神力化作大河，崖岸深絕，波流迅急，諸栗呫婆悲慟以止。"卽此文所謂欲逐佛般泥洹也。《翻譯名義集》云："離車……又云邊地主，又云傳集國政，其國義讓，五百長者遞為國主，故云傳集國政，出外為邊地主，又云邊夷無所知者。"《漢西域圖考》七云："從此東南行十二里由延到諸梨車。"以為地名，誤矣。朱本《水經注》一云："阿難從摩竭國向毗舍離，欲般泥洹，諸天告阿闍世王，王返至河上，毗舍離諸梨車聞阿難來，亦復來迎，俱到河上，阿難思惟，前則阿闍世王致恨，卻則梨車復怨，卽於中河入火光三昧燒身而般泥洹。"此是節錄記文，原自不誤；《記》以毗舍離冠諸梨車之上者，承上"向毗舍離"而言，設刪去"毗舍離"三字，則人不復知為毗舍離各王，而文義轉晦矣。顧《四庫》本《水經注》校勘記云："案此句下（王返至河上句）近刻有'毗舍離諸'四字，乃衍文。"以必不可刪之四字而謂是衍文，已屬可笑。又云："案具兩近刻訛作身而。"按《記》上文有云："世尊北首而般泥洹。"此云："三昧燒身而般泥洹。"文法相同，為義甚顯；《西域記》七載此事云："卽入寂滅，化火焚骸。"焚骸亦燒身也。考"燒身"一辭，為六朝間流行典語，《高僧傳·賢護傳》"遺言使燒身"。《法羽傳》"入道多方，何必燒身"。《慧紹傳》"隨要止臨川招提寺，迺密有燒身之意"。《僧瑜傳》"於是屢發言誓，始契燒身"。《法光傳》"後誓志燒身，迺服松膏及飲油"，"時永明末始豐縣有比邱法存，亦燒身供養"。《曇宏傳》"宏於是日復入谷燒身"。《僧生傳》"吾將去矣，於後可為燒身"。《又忘身傳論》云："是故羅漢死後，佛許燒身。"此之為名，并非艱僻，必謂應作具兩，不知作何解法。蓋修書諸臣，不學無術，不知參校羣本，旁證他書，而一惟以《永樂大典》所收者為萬全無誤，多見其眼光如豆而已。

唐智昇《開元釋教錄》云："到師子國……時正當晋義熙元年。"以顯師到師子國為義熙元年，按諸記文，絕不可信。《翻譯名義集》云："法熙……義返元年，歲次乙巳，汎海而返，揚都譯經。"即承此《錄》之誤。

又東行五由延，到毗舍離國 (Vaiśliâ or Vesâlî)。

毗舍離國，名見《增壹阿含經》。《普曜經》《乳光佛經》（俱竺法護出）作維耶離國。支僧載《外國事》云："維邪離國去王舍城五十由延，城周員三由旬。"《大灌頂經》（東晉元帝時出）作維耶，《水經注》引《釋氏西域志》云："毗舍利，維邪離國也。"《十二遊經》云："維耶離國者，晉言廣大，一名度生死。"羅什譯《大金色孔雀咒經》作毗娑羅國，智猛《遊外國傳》作毗耶離國，《西域記》作吠舍釐國，云："舊曰毗舍離國，訛也"，玄應《一切經音義》四云："維耶或言毗耶離，或言毗舍離，皆訛也，正言鞞奢隸夜城，在東印度境殑伽河北也，或言中印度境。"《西域高僧傳》作薛舍離。

《西域記》七云："從此（戰主國）東北渡殑伽河，行百四五十里，至吠舍釐國。"Beal 氏云："玄奘必是渡 Gandak 河，非渡殑伽河也。此河逕流，距 Degwâra 減十二哩，其地大約即婆羅門窣堵波 (Droṇa stupa) 之故址。故吠舍釐國當在 Gaṇḍak 河東，經 Cunningham 氏考定為今之 Besârh 村，厥地有廢壘一所，尚稱 Râja-Bisal-ka-garh，猶云吠舍釐王壘也。位 Degwâra 之北北東剛二十三哩。吠舍釐者大約即弗栗恃種人之首邑或要城。其人本北族，古代已占有印度此部（即自雪山麓南至殑伽，西起 Gaṇḍak 河，東至 Mahânadî 河也）。時期雖不可確知，但總當與佛典之結集同時矣。"(op. cit. p.66n.67) 按 Besârh 亦作 Basar，在北 Behar 部 Muzaffarpur 區，《往五天竺國傳箋釋》謂此地須 (Spooner) 氏已掘開證之。

從此東行四由延，到五河合口。

朱本《水經注》一云："恆水又東至五河合口，蓋五水所會，非所詳矣。"四庫本刪"合"字，非也。印度稱五河者有二，一指印度河上流，在今 Punjab 省。

度河南下一由延，到摩竭提國 (Magadha) 巴連弗邑 (Pâṭaliputra or Pâṭaliputta)。

摩竭提國，名見吳譯《瑞應本起經》，三國失譯有《摩竭王經》，《大智度論》作摩伽陀，《西域記》作摩揭陀，云：“舊曰摩伽陀，又曰摩竭提，皆訛也。”《華嚴經音義》一云：“摩竭提者或云摩伽陀，或云摩揭陀，或云墨竭提，此之多名，由依入轉聲勢，呼名致異，然其意義，大略不殊。或有釋云，摩者不也，竭提至也，其國將謀兵勇，鄰敵不能侵至也。又有云，摩遍也，竭提聰慧也，言聰慧之人遍其國內也。又有云，摩大也，竭提體也，謂五印度中此國最大，統攝諸國故名大體也。又釋云，摩無也，竭提害也，言此國法不行刑戮，其有犯死罪者送置寒林耳。”Thomas 氏云：“佛之故居，在今南 Behar 部，榜葛刺之西而殑伽河之南也。此地為摩竭提國，都曰王舍城。其東則為鴦伽 (Anga)，首邑曰瞻波。其北而處殑伽河之彼岸者為弗栗恃種，要城曰毗舍離，再北則為末羅 (Mallas)。其西則為迦尸，首邑曰波羅捺，地臨殑伽。拘薩羅王國（都舍衞城）則自迦尸以北，達於喜馬拉亞，其北界有釋種住落，釋種之東隣則 Koliyas 也。凡上所舉，皆是族稱，若以鴦伽摩竭用作國名，斯為誤矣。迄西元前六世紀，拘薩羅與摩竭提，由部落組織進展為兩大王國，前者併吞迦尸，後者併吞鴦伽也。”(op. cit. p.13)

巴連弗名見《育王傳》，希臘人稱曰 Palibothra，即今 Patna；支僧載《外國事》作播黎越國，道安《西域志》作波麗越國。羅什譯《大金色孔雀王經》有弗波多利弗國及波多利弗多羅國，均 Pâṭaliputra 之對譯，弗波之弗字，乃衍文也（義淨譯同本作波吒梨子或波吒離國，不空作波吒離子）。《大悲經》作波離弗城，《水經注》作波麗，《西域記》作波吒釐子城，云："昔者人壽無量歲時，號拘蘇摩補羅城（唐言香花宮城），王宮多花，故以名焉，逮乎人壽數千歲，更名波釐吒子城，舊曰巴連弗邑，訛也。"《高僧傳》三智猛後至華氏國，即指此城，乃 Vajjis（即弗栗恃人）之音譯。

《西域記》八云："香花舊城，遷都此邑，由彼子故，神為築城，自爾之後，國名波吒釐子城焉。"Beal 氏云："由此觀之，似拘蘇摩補羅(Kusumapura) 與波吒釐子非為同地。考阿闍世王時，國都為王舍，修固波吒釐子者亦即其人，但下文又稱阿輸迦王自王舍遷都波吒釐子，且謂是頻毗娑羅王之曾孫，是即阿闍世王之孫也。Vâyu Purâṇa 則謂拘蘇摩補羅或波遷釐子為阿闍世王之孫 Udayâśva 王所建，Mahâwanso 又謂 Udaya 為阿闍世王之子。"(op. cit. p.85n.) 按同《記》五羯若鞠闍舊王城亦稱拘蘇磨補羅（引見上文闞饒夷釋地），是有此名者初非一地，況同《記》九又云："上茅宮城，摩揭陁國之正中，古先君王之所都，多出勝上吉祥香茅……羯尼迦樹遍諸蹊徑，花含殊馥。"則所謂"香花舊城"，似指上茅宮城，香花亦許是香茅之誤，Beal 氏之疑，殆未然矣。

朱本《水經注》一云："凡諸中國，惟此城為大。"乃引顯師《記》文。中國之義見前，《四庫》本竟云："案原本及近刻並訛作中國，今改正。"則并《永樂大典》之不誤者而亦臆改之矣！

從此東南行九由延，至一小孤石山。

《記》文云："山頭有石室，石室南向，佛坐其中……帝釋以四十二事問佛，一一以指畫石，畫跡故在。"按此即《西域記》九之因陁羅勢羅窶訶山 (Indraśailaguhâ) 也；彼記云："唐言帝釋窟也，其山巖谷杳冥，花林蓊鬱，嶺有兩峯，岌然特起，西峯南巖間有大石室，廣而不高，昔如來常於中止時，天帝釋以四十二疑事畫石請問，佛為演

釋，其猶迹在。"其山在王舍城東北，與此記符。小孤石山，經
Cunningharm 氏考訂為此山之西峯，其山嶺北支，自伽耶附近延伸於
Pañchâna 河岸，長約三十六哩，尾突起二高峯而止，西邊較高者曰
Giryek，卽所謂小孤石山也。(Beal. op. cit. P.180n.122)

從此西南行一由延，到那羅聚落。

《記》文云："是舍利弗本生村，舍利弗還於此村中般泥洹。"由
此再西行一由延為王舍城，則其地在王舍城東，卽莽沙王舊城或上茅
宮城東北（因王舍城南數里至洴沙王舊城）。《西域記》九云："伏醉
象東北有窣堵波，是舍利子聞阿溼婆恃芯㝹說法證果之處。"伏醉象
窣堵波在宮城北門外，則舍利子 (Sâriputra) 證果處亦在上茅宮城東
北，寂滅證果，事雖不同，而方向固合也。Beal 氏謂那羅卽《西域記》九
之迦羅臂拏迦邑 (Kâlapinâka)，學院本註（二七）云："《西域記》九作
迦羅臂拏迦邑，是舍利子本生及寂滅處，有無憂王所建窣堵波，同
此。"蓋本 Beal 氏之說，但考那羅在帝釋窟西南一由延，迦羅臂拏迦
則在帝釋窟西北三十餘里（因《記》言迦羅臂拏迦東南四五里為舍利
子門人窣堵波，又東行三十餘里至帝釋窟），兩地方向，并不相同，故
事容有誤傳，對音亦非脗合，Beal 氏之證，終未敢信為確切也。

從此西行一由延，到王舍新城 (Râjagrîha or Râjagaha)。

漢失譯有《舍利曰在王舍國經》，漢康孟詳譯《興起行經》作羅
閱祇國，亦省稱羅閱，支僧載《外國事》作羅閱祇瓶沙國，《增壹阿
含經十一音義》（撰人未詳）云："羅閱城，梵語具云羅閱祇伽羅，此
云王舍城。"迦留陀伽譯《十二遊經》云："羅閱祇城者，晉言王舍城。"唐
玄應《一切經音義》三云："羅閱以拙反，案《阿闍世王經》云，羅
閱祇晉言王舍城，似應訛也，言王（似是正言之訛）羅閱揭梨醯，羅
閱義是料理，以王代之，謂能料理人民也，揭梨醯此云舍中，總名王

舍城，在摩伽陀國中城名也。"其他即今 Râjgîr，在 Behar 西南十六哩。顯師記云："新城者是阿闍世王所造。"《西域記》九云："至曷羅闍姞利呬城，唐言王舍……初頻毗娑羅王都在上茆宮城也……王宮中先自失火，謂諸臣曰，我其遷矣……乃建城邑，以王先舍於此，故稱王舍城也。……或云，至未生怨王（按即阿闍世王）乃築此城，未生怨太子既嗣王位，因遂都之。"《高僧傳》三《法顯傳》云："去王舍城三十餘里，有一寺，逼瞑過之。"後敘遇師子（見下引王謨跋）及遇伽葉弟子事，今本《佛國記》均不載。

出城南四里，南向入谷，至萍沙王舊城 (Kuśagârapura)。

萍沙即 Bimbisâra 之略音，與佛同時，吳支謙譯《萍沙王五願經》《開元錄》云："或作瓶字，一名弗沙迦王經，見長房《錄》。"同人譯《瑞應本起經》又作缾沙王，晉《西無羅叉放光般若經》作萍沙王，西晉法炬譯作頻毗婆（娑？）羅王，亦云頻婆（娑？），釋嵩公（或云高公）譯作萍沙王，亦名弗沙王，《增壹阿含經》作頻婆娑羅王，《四分律》作瓶沙王；玄應《一切經音義》十四云："瓶沙王，此言訛也，正言頻婆娑羅，云形牢，是摩伽陀國王作（疑是名字之誤）。"又卷五云："頻毗此譯云顏色，娑羅此云端正，或言萍沙王，或言頻婆娑羅，此云色像殊妙，其義一也。"朱謀㙔《水經注》箋云："前云瓶沙，此云萍沙，不知是一是二。"按萍即萍字，今《唐宋》《漢魏》《學津》《學院》四本及朱本《水經注》均誤萍，字書無萍字，茲從《四庫》本《水經注》改正。

萍沙王舊城者，即矩奢揭羅補羅城，亦即上文之上茅宮城也，亦稱 Girivraja 或 Giribbja，義云山遶，其城為五山所環遶也。

入谷搏山東南上，十五里到耆闍崛山 (Gṛidhakûta)，停止一宿。

　　搏，《唐宋》《漢魏》《學津》學院及朱本《水經注》均同，惟《四庫》本《水經注》作傅，慧琳《一切經音義》一百云："搏山奔莫反。"其下不附釋義，按記下文又云："搏山亦有諸羅漢坐禪石窟甚多。"此搏字含"周繞"之意，愚謂似作搏為近。《說文》："搏，圍也。"

　　耆闍崛山，晉法護有《耆闍崛山解》，支讖譯《首楞嚴經》作靈烏頂山，《佛說心明經》作靈烏山，《密跡金剛力士經》作靈鷲山，東晉支曇諦（康居人，永和三年丁未——義熙七年辛亥）《靈烏山銘序》曰："昔如來遊王舍城，憩靈烏山，舊云其山峯似烏而威靈，故以為名焉，眾美咸歸，壯麗畢備。"（見《御覽》五十）《通典·西戎總序》下作《烏山銘》，誤也。《西域記》作姞栗陁羅矩吒山，云："宮城東北行十四五里，至姞栗陁羅矩吒山，唐言鷲峯，亦謂鷲臺，舊曰耆闍崛山，訛也。"顯師稱東南上者就新城而言，宮城在新城南，故曰東北也。《大唐西域高僧傳》作鷲峯山。佛典中往往以此山為王舍城環近五山之一，故《記》文謂是五山之最高也。山在今 Sailagri，紀昀《閱微草堂筆記》謂靈鷲山在拔達克山，大誤。王謨《佛國記跋》云："至《高僧傳》記顯欲詣耆闍崛山，寺僧諫曰，路甚難阻，多黑獅子，亟經啖人，何由可至。顯曰，遠涉數萬里，誓到靈鷲，雖有險難，吾不懼也。既至，果有三黑獅子來，舐唇搖尾，顯誦經不輟，獅子乃低頭下尾，伏顯足前，良久乃去。而今《記》文但言有山榛木茂盛，又多獅子虎狼，不可妄行，顯因還向巴連弗邑，不著此事，豈以道行清高，故不欲自表暴耶？"按《記》下文有云："從此南三里行，到一山，名雞足，大迦葉今在此山中，劈山下入，入處不容人下，入極遠，有旁孔，迦葉全身在此中住。……此山中卽日故有諸羅漢住，彼方諸國道人，年年往供養迦葉，心濃至者夜卽有羅漢來共言論，釋其疑已，忽然不現。此山榛木茂盛，又多獅子虎狼，不可妄行。"是所謂迦葉、獅子及榛木茂盛者，均雞足山之事；蓋當時人物，心儀顯師為人，以訛傳訛，或故神其事，於是有却獅子、遇佛徒之說，正如奘師卓行而後人為著《西遊記》也。王《跋》對於鷲嶺、雞足，既分別不清，又謂顯師不欲自暴，尤淺之乎視顯師矣。

還向新城，從此西行四由延，到伽耶城 (Buddha Gayâ)。

全校《水經注》一改耶為那，趙、戴又改迦那，非也。此為佛證正覺之所，與《西域記》八之伽耶城不同，故今稱彼處為 Brahma-Gayâ 以別之。

南行三里為雞足山 (Kukkuṭapâdagiri)。

《西域記》九云："莫訶河東入大林，野行百餘里，至屈屈（居勿反）吒播陀山（唐言雞足），亦謂窶盧播陀山（唐言尊足），(Gurupâdâḥgiri)。" Beal 氏云："pâda 者表敬之附詞。名曰雞足，意取其形似，以三峯或三脊類雞足也。法顯謂在伽耶南三里，大約是東三由延之誤。經 Cunningham 氏考定為今 Kurkihâr 鎮北北東三哩之 Murali 山，其中央最高峯尚有殘磚環繞方基云。"(po. cit. p.142, 144n.)

義淨《西域高僧傳》亦省稱雞嶺，或稱尊足嶺，《傳》云："此（那爛陀）寺……西南向大覺，正南尊足山，並可七驛。"

還向巴連弗邑，順恆水西下十由延，得曠野精舍 (Aṭavi vihŏra)。

按恆水東流，此作西下，驗之今地，殊嫌不順，應作西行，或西上較協，且下文又云順恆水東下也。竺法護譯經有曠野國，《十誦律》作阿羅毗國，《五分律》作阿荼毗邑。烈維氏據巴利藏自舍衞越王舍城時，路經 Aṭavi，因謂其地應在舍衞東南，又引《根本說一切有部毗奈耶》卷四十七，頻毗娑羅王部將討平摩揭陀、憍薩羅間之曠野羣盜後，建曠野城云。Beal 氏云："阿避陁羯剌拏僧伽藍，據《西域記》所言距戰主國（即今 Ghazipur）之遠近方向，似在今 Baliya 地方，其東約一哩所，有村名 Bikapur, Cunningham 氏以為或是 Aviddhakarnapura 之殘語也。此僧伽藍似即法顯所謂曠野精舍。"(op. cit. p.62n.52) 學院本注（三三）則以為即《西域記》卷七戰主國之曠野。按《西域記》云："從此（婆羅疙斯國）順殑伽河流，東行三百餘里，至戰主國……大城東行二百餘里，至阿避陁羯剌拏僧伽藍……阿避陁羯剌拏伽藍東南行百餘里，南渡殑伽河，至摩訶娑羅邑……殑伽河北有那邏延天祠……那羅延天祠東行三十餘里，有窣堵波……昔於此處有曠野鬼……" 是婆羅疙斯東行五百餘里至阿避陁羯剌拏伽藍，與顯師記曠野精舍西行十二由延（一由延等於四十里）到波羅捺城，大致相合，若《西域記》之曠野，更在此伽藍東南百餘里，似以 Beal 氏之說為優也。

復順恆水西行十二由延，到伽尸國 (Kâsi or Kâsîs) 波羅捺城 (Vârânaîsor Bânâras)。

迦尸國，見《增壹阿含經》，《通典》一九三引《扶南傳》作伽尸國，云："舍衞國隸屬天竺伽尸國，一名波羅奈國，亦名皮波羅奈斯國。"（皮字疑衍）按迦尸被併，見上拘薩羅釋地，此云含衞屬伽尸，或即因此。《僧祇律》云："有城名波羅奈，國名伽尸。"《華嚴經音義》云："迦尸者西域竹名也，其竹堪為箭幹，然以其國多出此竹，故立斯名，其國即在中天竺境憍薩羅國之比鄰，乃是十六大國之一數也。"

波羅捺，《水經注》引作奈，又引竺法維云："波羅奈國在迦維羅衞國南千二百里，中間有恆水東南流。"（《通典》引作千四百八十里。）波羅奈國見後漢失譯《大方便佛報恩經》，《十二遊經》云："波羅奈國者晉言鹿野，一名諸佛國。"按鹿野特城中一地，非即其別稱也。支僧載《外國事》云："彌勒佛當生波羅奈國，是尼陀羅經所說，在迦維羅越南。"道安《西域志》作波羅奈斯，云："波羅奈（作秦或祭者誤）斯國，佛轉法輪處在此國也。"《婆須密集序》作樊奈國。羅什譯《大金色孔雀王經》作婆（原誤娑）羅那國（不空譯同本作婆羅拏斯國）。《西域記》作婆羅疶斯國，云："舊曰波羅奈國，訛也。"玄應《一切經音義》二十二云："婆羅疶斯，女黠反，或云婆羅捺斯，又作波羅奈，同一也；舊譯云江遶城也。"北魏京師突厥寺碑"轉法輪於稔國"，則稔國亦波羅奈異名。《宋書》有婆黎國，丁謙《考證》云："卽佛國記波羅奈。"按《梁書》有婆利，說者謂卽今爪哇東之 Bali，其國亦事佛道，余甚疑黎利字異，終不敢信丁說無誤也。Beal 氏云："Vârânasî 者乃 Bânâras 之梵名，因其地介居殑伽兩支水 Varanâ 及 Asi（或 Asî）之間，故名。"(op. cit. p.44n.)

城東北十里許，得仙人鹿野苑 (Mṛĭgadâva) 精舍。

鹿野苑，名見《四十二章經》，常省稱鹿苑。《西域高僧傳》云："此（那爛陀）寺……西瞻鹿苑二十餘驛，亦稱鹿園。"傳又云："所在欽誠，入鹿園而跨雞嶺。"是也。Beal 氏謂卽今 Sârnâth 或 Sâraṇganatha，按 Sârnâth 在 Banares 北三哩半。

自鹿野苑精舍西北行十三由延，到拘睒彌國 (Kauśâmbî)。

拘睒彌，名見《師子月佛本生經》（長房等《錄》稱竺法護出，《開元錄》謂似秦譯），支載《外國事》作拘宋婆，羅什譯《大金色孔雀王經》作高芰毗國（義淨譯同本作憍閃毗國，不空作憍閃彌國）。雜《阿含經》作拘睒彌韓國，齊譯《摩耶經》作俱睒彌。《西域記》作憍賞彌國，云："舊曰拘睒彌國，訛也。"Beal 氏云："此國經 Cunningham 氏考定為 Kosâmdi-nagar，乃捕那河上一古村，去 Allahâbâd 約三十哩。"(op. cit. p.235n.63) 丁謙《考證》云："拘睒彌，《西域記》作憍賞彌，其國在鉢邏那（耶）伽西南五百餘里……考鉢邏那（耶）伽即今阿拉哈巴城，恭氏（按即 Cunningham）謂在城西稍六七十里，與《記》言五百里顯然不合，詳核地望，當在賓內（按即 Panna）城境。"《藥叉名錄·輿地考》云：'考 Kauśâmbi 為昔日婆蹉 (Vatsa) 諸王之名都，優塡 (Udayâna)（此言出受）王君臨之地，今在 Allahabad 之西北五十公里 Jumna 水上，即今之 Kosan 是已❶。"Thomas 氏云："拘睒彌乃婆蹉 (Vamsas or Vatsas) 諸王之都，恭氏認為捕那河上 Kosam 兩村，在 Allahabad 西可九十哩，Saṃyutta 位之於殑伽流域，顯不可信。V.A.Smith 氏則謂地應再南，當今 Baghelkhand 部各州之一也。"(op. cit.p.15) 按諸家所引恭氏說，道里方向，頗不一致；《西域記》五從鉢邏耶伽西南行至憍賞彌，則《藥叉名錄》之"西北"，顯是筆誤。五十公哩約與三十哩相當，以比九十哩，其差太遠，如 Thomas 氏所引不誤，則九十哩略等於五百餘里，且對音甚近，恭氏之證，應為不謬。若如 Beal 氏兩家言，距離 Allahabad 祇三十哩，則誠當求之於再南之地矣。

　　從此南行二百由延，有達嚫國 (Dakshiṇa, Deccan)，以道路艱難未往。

　　《記》云："有國名達嚫，是過去迦葉佛僧伽藍穿大石山作之……因名此寺為波羅越，波羅越者天竺名鴿也。"Beal 氏云："此僧伽藍見《西域記》卷十，大約即供奉波羅越 (Pârvatî——法顯翻為"鴿"，鴿作 Pârâvata, 音相類也) 或旃荼 (Chandâ) 者，在今達嚫之 Chanda 區。娑多婆漢那王 (Sadvaha——據《內法傳》譯名) 為龍猛 (Nâgârjuna) 之友，似與 Vayu-Purâna 之 Sindhuka (乘土？) 同是一人，《內法傳》謂名市寅得迦也。"(op. cit.p.LXVIIIn.83) 氏又云："《西域記》十跋邏末羅耆鼇山之還原，似應作 Brahmaragiri, Brahmara 者 Durga 或旃荼之別稱，法

---

❶ "己"疑為"已"。——編者註

顯所謂波羅越,定是指 Pârvatî,故與 Brahmara 相當矣。"(op. cit. p.214n.80)
學院本註(三六)云:《西域記》十云,憍薩羅國西南三百餘里跋羅
末羅耆山,有五層伽藍,傳是引正王為龍猛菩薩鑿山建立,與此微
異。"按顯師此節,自謂"承彼土人言故說之",道里(三百由延)名
稱,宜未得實矣。

達嚫,《內典》有兩義:一為地名,即 Deccan, 南印度也,梵文
Dakshina,南也,唐道宣《釋迦方志》云:"達嚫以南,水注南海。"又
云:"後漢獻帝建元(?)十年,秦州刺史遣成光子從烏鼠山鉄橋而
入,窮於達嚫,旋歸之日,還踐前途,自出別傳。"(按建元亦可作改
元解,否則是建安之誤)是也。一訓財施,《增壹阿含九音釋》云:"嚫
嚫,梵語也,亦云檀嚫,此云財施。嚫,唐割切,嚫,初覲切。"嚫
字亦從貝或從手,《西域記》云:"正云達嚫拏者右也,或云馱器尼,以
用右手受人所施為其生福故。"《內法傳》云:"梵云陀那鉢底,譯為
施主,陀那是施,鉢底是主,而云檀越者本非正譯……舊云達嚫者訛
也。"此皆施之義也。《內法傳》又云:"特崎拏即是其右……故時人
名右手為特崎拏手……或特歆拏目,其施義與此不同,如前已述,西
國五天皆名東方為前方,南為右方,亦不可依斯以論左右。"是則義
本訓右,由右而假義為南,又因右手施而假義為施也。

　　從波羅捺國東行,還到巴連弗邑,於摩訶衍 (Mabâyâna)
僧伽藍得《摩訶僧祇 (Mahâsanghika) 眾律》一部,復得《薩
婆多 (Sarvastivada) 眾律》一部,可七千偈 (Gâthâ);復於此
眾中得《雜阿毗曇心》(Samyaktâbhid harma-hrĭdaya sâstra), 可
六千偈;又得一部《綖經》(Nirvâna Sûtra),二千五百偈;又
優婆塞 (upâsaka) 伽羅先為寫《大般泥洹經 》(Mahâ-Pari-
nirvâba Sûtra——即《方等般泥洹經》Vâipulya-parinirvâna Sûtra)

一卷，可五千偈；又得《摩訶僧祇阿毗曇》(Abhidharma)。故住此二年，學梵書、梵語寫律。

我國人算年，不定拘足數，顯師之還巴連弗邑熙，在本年抑明年，無可確考，然計至義熙四年，均得謂之住三年也。茲則附之本年，揆諸事理，似為更協。

摩訶衍猶云大乘，即謂習學大乘之伽藍也，《高僧傳》作阿育王塔南天王寺。摩訶僧祇，《翻譯名義集》云："此云大衆，大集云，廣博徧覽五部經書，是故名為摩訶僧祇。"乃佛教兩大派之一。《高僧傳》云："摩訶僧祇部及彌沙塞部，並法顯得梵本，佛馱跋陀羅譯出僧祇律，佛馱什譯出彌沙塞部，即五分律也。"

薩婆多亦稱說一切有部，乃上坐部（佛教兩大派）之一支。阿毗曇，或云阿毗達磨，亦翻為論。道安云："阿毗曇者，秦言大法也。"道標云："阿毗曇者，秦言無比法也。"慧遠云："管統衆經，領其宗會，故作者以心為名焉。"

綖即線，《高僧傳》作線字。

優婆塞即伊蒲塞，漢章帝詔："其還贖以助伊蒲塞桑門之盛饌。"漢支曜譯有《墮落優婆塞經》，《魏書·釋老志》云："俗人之信憑道法者，男曰優婆塞。"周甄鸞《笑道論》云："梵言優婆塞，此言善信男也。"玄應《一切經音義》云："梵言鄔波索迦，此云近事，謂親近三寶而奉事也。"《內法傳》謂是創入佛法之基。

唐智昇《開元釋教錄》云："此方等泥洹，即六卷《大般泥洹經》之梵本也，準經後記，名為《方等大般泥洹經》，非謂三卷方泥洹也。"詳見後義熙十三年下。

二年，丙午（弘始八——四〇六），住巴連弗邑。

三年，丁未（弘始九——四〇七），住巴連弗邑。

四年，戊申（弘始十——四〇八），住巴連弗邑。

道整樂居天竺，留不歸。顯本心欲令戒律流通漢地，於是獨還。

> 梁啟超云："梁《高僧傳》卷一曇摩難提傳，稱趙正晚年出家，更名道整……與法顯同遊之道整，當卽其人。"按道安《鞞婆沙序》云："有秘書郎趙政文業者，好古索隱之士也……會建元十九年……趙郎飢虛在往，求令出焉。"又《增一阿含序》云："以秦建元二十年，來詣長安……武威太守趙文業求令出焉。"又《高僧傳》云："正字文業……年十八，為偽秦著作郎，後遷至黃門侍郎、武威太守。"綜觀三事，則趙政當建元十九年（太元八年），歲甫二十上下。《僧傳》又言符堅死後，正出家，遁跡商洛，後為郗恢逼共同遊，據《晉書·孝武帝紀》《朱序傳》及《郗恢傳》，則恢任雍州刺史，應在太元十四年後，逼政同遊，卽在是時，計至顯師出行之年，猶未四十，但《僧傳》謂終於襄陽，春秋六十餘，《記》文則道整留竺不歸，事蹟弗合。況同代同名，世所時有，使是同人，《僧傳》不應無一語及西遊事，故舍名字而外，梁氏之疑，終無其他旁證也。

順恆水東下十八由延，其南岸有瞻波大國 (Champâ)。

> 瞻波國見《增壹阿含》，亦作占波，又作瞻婆，西晉法炬有《瞻婆比丘經》，《水經注》引《釋氏西域記》云："恆曲次東有瞻婆國。"《長阿含經》云："所以者何，更有大國，瞻波大國……" 是瞻波固向以大國稱也。Wilson 氏云："瞻波或 Champâpuri，乃鴦伽都城，在今 Bhâgalpur 附近。"(Beal, op. cit. p.191n.) 丁謙《攷證》云："瞻波卽《唐書》瞻博……恭攷卽孟加拉部科爾岡城。"按科爾崗為 Kahalgaon（圖作 Kolgong）之對音，恭氏考定為瞻波城東百四五十里之孤嶼（見《西域記》十），在 Bhâgalpur 東二十三哩 (Beal, op. cit. p.192n.)，丁引誤也。

從此東行近五由延，到多摩梨帝國 (Tâmalitti or Tâm-raliptî)，卽是海口，顯住此二年，寫經及畫像。

多摩梨帝，《西域記》十作耽摩栗底，卽今之 Tamluk，剛在 Selai 河與扈枝黎河 (Hughli) 合口之上 (Beal, op. cit. p.200n.36)。康泰《扶南傳》作擔袂，故《傳》云“發拘利口，入大灣中，正西北入，可一年（月？）餘，得天竺江口，名恆水，江口有國號擔袂，屬天竺”也（《水經注》一）。英人 Cunningham 氏謂是《魏略》之車離，辨見前元興三年下。《水經注》舊本引《法顯傳》亦作多摩梨帝，全、趙始改帝作軒；全云：“按軒，諸本誤作帝，以《漢書》校改。”趙云：“案梨帝，《漢書·西域傳》作梨軒，《史記》作黎軒。”戴氏依之，此則因酈書涉及大秦，全、趙遂致誤引《漢書》，然《漢書》祇曰梨軒，無多摩字樣，全、趙亦未之思耳。熊會貞云：“酈氏以法顯之多摩梨帝，牽引梨軒，已為蔓衍，趙、戴改梨帝為梨軒，尤誤。”徐松《漢書西域傳補注》云：“梨軒……《佛國記》作多摩梨軒國。”蓋沿全、趙誤改《水經注》而云然也。《水經注疏要刪》引俞浩《西域考古錄》云：“古之多摩梨帝，今亦稱底里，所屬葛支港口，古曰擔袂，又云多摩梨帝海口，為今之孟加剌部之古里噶達。”按底里是 Delhi，葛支是 Cutch，三地如風馬牛之不及也。

《宋書》有蘇摩黎國，丁謙《攷證》云：“蘇摩黎卽《佛國記》多摩梨帝。”按《藥叉名錄輿地考》云：“考《十童子讚》卷六，恆河口著名之海港耽摩栗底，卽在修（明藏作蘇）摩 (Suhma) 境內。”但 Suhma 一名，無黎字尾音，是否待考。丁氏又云：“多摩梨帝……今孟加拉首邑加爾各搭南達蒙德克波爾城也。”按達蒙德克波爾卽 Diamond Harbour 之對音，丁說非是。

五年，己酉（弘始十一——四〇九），住多摩梨帝國。

六年，庚戌（弘始十二——四一〇），住多摩梨帝國。冬初得信風，晝夜十四日到師子國 (Simhala)。

自乙巳起，至本年離天竺赴師子國止，共六年，與記文"停六年"合。

師子國，《西域記》作僧伽羅國，云："唐言執師子國。"得名之因，詳見彼《記》。此《記》稱其州"東西五十由延，南北三十由延"，與實狀適相反，今錫蘭島固南北長而東西狹也。

王《跋》云："記中歷敘諸國，具有本末次第，宜無脫簡，而《白帖》引《法顯記》，有僧尼羅國佛像俯首與人取金珠事，今本《佛國記》獨無此國。"按僧尼羅不特此《記》無之，即古帙中亦無此名。《考記》言師子國"有一青王像，高二丈許，通身七寶炎光，威相嚴顯，非言所載，右掌中有一無價寶珠"，師子國又名僧迦羅，《西域記》稱其國有金佛像，俯首授寶，《三藏法師傳》則稱偏身授珠，僧尼羅蓋即僧迦羅之訛也。《白帖》此條，度與《高僧傳》載之却三黑師子及遇迦葉弟子，同為出自己佚之《法顯傳》，若然，則其書直小說之流，即不傳，要於顯師之光烈無損矣。《御覽》六五七引《法顯記》云："僧尼羅國王以金等身而鑄像，髻裝寶珠，有盜者以梯取之，像漸高而不及，盜歎其不救衆生，像俯首而與之，後市人擒盜，盜言其事，視像尚俯，王重贖其珠而復裝之。"《白帖》所引《法顯記》，當即此段，《御覽》或亦自《白帖》轉錄也。

《記》又稱聽師子國辯說人說，"泥洹已來一千四百九十七年"，由此上推，泥洹之歲，應屬周成王末，而誕降之年，應屬商帝乙，與上文所謂泥洹後三百許年為周平王者差三百餘年，然此非《記》文之自相矛盾也，顯師亦第錄其所聞而已。《翻譯名義集》云："又《法顯傳》云，聖出殷世武乙二十六年甲午時生者。"今《記》無此文，蓋據"泥洹已來一千四百九十七年"一語逆推而得之數。但考今史，武乙在位四祀，無二十六年，由癸亥至丙寅，亦無甲午，其前之甲午為祖甲三十二祀，後之甲午為帝乙二十五祀，《傳》文祖乙二十六年甲午，實帝乙二十五年甲午之訛，因自帝乙二十五年甲午起，計至本年義熙六年庚戌止，共一千五百七十七年，減去舊說佛享年八十，其差恰為一千四百九十七也。至佛生何年，除上帝乙說外，尚不下十說。《西域記》二云："自佛涅槃，諸部異議，或云千二百餘年，或云千三百餘年，或云千五百餘年，或云已過九百未滿千年。"又《翻譯名義集》引通慧《鷲嶺聖賢錄》，說佛生時凡有八別：一夏桀時，二商末武乙時，三西周昭王時，四穆王時，五東周平王時，六桓王時，七莊王時，八貞定王時。《開元錄》六云："師資相傳云，佛涅槃後，優波離既結集律藏訖，即於其年七月十五日受自恣竟，以香華供養律藏，便下一點，置律藏前，年年如是……以永明七年己己❶歲（房云庚午）七月半受自恣竟，如前師法，以香華供養律藏訖，即下一點，當其年計得九百七十五點，點是一年。"按己巳為四八九年，庚午為四九○年，依此逆推，佛滅歲應是敬王三十四年乙卯或三十五年丙辰，佛生時應是靈王初葉。最近支那內學院決定民國二十二年為佛誕紀元二四九八年，即謂佛生靈王七年丙申（前元五六五）也。《郡齋讀書志》一六云："釋迦者華言能仁，以周昭王二十四年甲寅四月八日生。"（按甲寅是二十六年，四當是六誤。）金履祥《通鑑前編》則謂佛生昭王二十二年（前元一○三一），是昭王之中，又分兩說也。據 Britannica 百科辭典，佛之生時，今以兩種數目推測得之：其一為阿輪迦王即位之年，其二為佛滅度後至阿輪迦即位之相距年數。前者據阿輪迦王頒希臘諸侯詔以推測，各家所得，前後不差五年，時約紀元前二百七十載。後者據錫

---

❶ "己"當作"巳"，下徑改。——編者註

蘭史記，其距離為二百四十八年，合兩數加之，則佛之滅度，或為紀元前四百八十八載，又佛以八十滅度，則其誕生或為紀元前五百六十八載。若緬甸、暹羅、錫蘭三處所傳降滅年月，比此約早五十年，卽紀元前六二三年及五四三年云。按五六八卽靈王四年癸巳也。Thomas氏云："佛之生年，通常約定為前元五六三年，係依八十寂滅計算，錫蘭所傳，則佛寂滅在前元五四四也。此幷非古代史說，祇是將摩竭提諸王在位年數相加，逆推而得之。其理由則以史稱阿輸迦王於佛泥洹後二一八年奉教，又使吾人認其祖 Candragupta 王卽位之年為前元三二三，斯得前元四八三之數矣。但據以核定之根本年代，乃 Candragupta 王與 Seleucus Nicator 修約之年，而此年又非十分確切，故前後常相差數歲。尤有加者，吾人不能直接證明 '二一八' 之無誤，惟尚與 Purâna 及 Jain 各書所載摩竭提王系相符耳。若錫蘭記載，殆將諸王繼續間不及一年者，計作全年，故歲數特增也。中日兩國，普通謂佛生前元一〇六七年（按卽康王十二年），西藏方面，據 Csoma 氏言，尚有十四異說云。"(op. cit. p.27)

《佛祖歷代通載》云："庚戌，法師法顯自西域還，初顯於隆安二年，同惠景曇整等入西域求法。"由隆安二年（戊戌）計至庚戌，前後僅十三年，與《記》文不合，隆安二年亦三年之譌。

七年，辛亥（弘始十三——四一一），住師子國，求得《彌沙塞 (Mahiśâsaka) 律》藏本、《長阿含》(Dîrghâgama)、《雜阿含》(Sainyuktâgama)，又雜藏一部。

彌沙塞，此云不著有無觀，法名五分，乃薩婆多部分出之小支也。《高僧傳・佛馱什傳》："先沙門法顯於師子國得彌沙塞律梵本……京邑諸僧，聞什既善此學，於是請令出焉，以其年（景平元年）冬十一月集于龍光寺，譯為三十四卷，稱為五分律。"

僧肇《佛說長阿含經序》云："以弘始十二年歲次上章閹茂，請罽賓三藏沙門佛陀耶舍出律藏一分，四十五卷，十四年訖，十五年歲次昭陽赤奮若，出此《長阿含》訖，涼州沙門佛念為譯，秦國道士道含筆受。"則此經出訖之曰，正顯師歸國之年。《序》又云："阿含秦言法歸，法歸者蓋是萬善之淵府，總持之林苑……譬彼巨海，百川所歸，故以法歸為名。開析修途，所記長遠，故以長為目。"天台文句云："《增壹阿含》明人天因果，《長阿含》破邪見，《中阿含》明深義，《雜阿含》明禪定。"

《僧祇律》云："文句襍者集為《襍阿含》。"淨法師云："若經與伽陀相應者，此即名為相應阿笈摩，舊云襍者取義也。"

《記》文云，"住此國二年"，是明年方趁船回國也。

八年，壬子（弘始十四——四一二），住師子國。

約七八月，載商人大舶，東下二日，便值大風，船漏水入，如是晝夜十三日，到一島邊，補塞船漏，於是復前，九十日許，乃到耶婆提國 (Yavadvipa)。

按顯師自師子國至耶婆，提約三月許，住五月日，合計八月許，後以四月十六出發，由此逆推，知離師子之日在七、八月也。

耶婆提，《漢西域圖考》七云："即闍婆國，今加拉巴。"Beal 氏云："今爪哇，或是蘇門答剌。"丁謙《攷證》云："核其方位里程，即婆羅島無疑，婆羅《隋書》作婆利，與婆提音協，上多一耶字音者，殆梵音譯土語故耳。"《蘇門答剌古國考》云："考昔日錫蘭廣州間航道，常經室利佛逝，質言之，經行遜他 (Sunda) 海峽及淳林邦港，十二世紀時周去非《嶺外代答》所誌航線如此，五世紀之航線想應亦然，則《法顯傳》之耶婆提，亦即今之蘇門答剌，非爪哇也。"又云："求那跋摩所至之闍婆，若為爪哇，四一四年法顯之耶婆提，佛法不足言，而跋摩之闍婆，則道化大行，然則法顯所至必非爪哇，二人所至必為二島。”（馮譯九三——九四頁）按婆羅開化較遲，對音亦異，丁說自不足信。費瑯氏書，力主古時闍婆，均為蘇島，固有相當理由，但引文中所持論據，則可議者多也。蓋由賈耽《四夷通道》考之，七、八世紀時東西海通，實經麻剌甲海峽，并不如費氏所說，南過遜他（此當別為辨論）。但假如費氏言，南過遜他，爪哇近在戶闥，更何難轉泊，是謂海道經遜他，反足證耶婆提之為爪哇，不能證耶婆提之非爪哇也。闍婆王既恭信跋摩，始就羣臣請三願，一願凡所王境同奉和尚，推尋其義，則跋摩未至之際，佛法非盛可知，道化大行，不過在王已請願之後，是引《跋摩傳》與顯師《記》文比較，祗可證耶婆提與闍婆之同是一國，不能證其必為兩國也。質言之，《記》文簡單，無可比勘，而耶婆之名，昔人復常混用，究為今爪哇抑蘇門答剌，一時尚難論定矣。

慧遠《萬佛影銘》云：“晉義熙八年，歲在壬子，五月一日，共立此臺，擬像此山，因卽以寄誠，雖成由人匠，而功無所加，至於歲次星紀赤奮若，貞于太陰之墟，九月三日，乃詳檢別記，銘之於石。”按慧遠卒於義熙十二年丙辰（據《高僧傳》），或十三年丁巳（據《廣弘明集・晉人廬山慧遠法師誄序》），則歲次星紀赤奮若者决為九年癸丑無疑。顧謝靈運《佛影銘序》則云：“法顯道人至自祇洹，具說佛影，偏為靈奇，幽巖嵌壁，若有存形，容儀端莊，相好具足，莫知始終，常自湛然，廬山法師（按卽指慧遠）聞風而悅，於是隨喜幽室，卽考空巖，北枕峻嶺，南影滮澗，摹擬遺量，寄託青彩，豈唯像形也篤，故亦傳心者極矣。道秉道人遠宣意旨，命余製銘，以充刊刻。”尋譯辭意，似慧遠作臺，在顯師東歸之後；顯師抵青為七月十四日，慧遠銘石為九月三日，中間相距不及五十日，以古代交通濡滯，縱顯師征奘甫卸，立記壯遊，計日程功，有所未逮，況假如上說，則歸國之歲，不特諸家所擬均失太後，卽余謂是義熙九年，似亦未盡適合矣。據余尋測，慧遠銘石之舉，并非發動於顯師歸國，——如《序》云："及在此山，值罽賓禪師，南國律學道士，與昔聞旣同，並是其人遊歷所經，因其詳問，乃多有先徵。"罽賓禪師卽佛馱跋陀羅，僧傳所謂"率侶宵征南指廬岳"者也，南國律學道士或指寶雲一輩——而靈運之作，則在顯師歸國之後，文人敘事，時好鋪張揚厲，故有此牽涉附會耳。

九年，癸丑（弘始十五——四一三），住耶婆提五月日，復隨他商人大舶，以四月十六日發，東北趣廣州，在船上安居。行一月餘日，遇黑風暴雨，諸商人咎顯，議置之海邊，得本檀越抗救而免。經七十餘日，始西行求岸，又經十二日，至七月十四日，抵長廣郡不其縣牢山南岸。

《記》文云："法顯發長安，六年到中國，停六年，還三年，達青州，凡所遊歷，減三十國。"自義熙六年底離天竺，至本年抵青州，故曰還三年，王《跋》云："往反凡十五年。"是也（《漢西域圖考》七以"凡十五年"一語為《記》文，非也）。今外人多謂顯師出遊之年為三九九——四一六，梁啟超亦云："東晉安帝隆安三年往，義熙十二年歸，前後凡十五年。"按我國人計年，非必足數，然卽計足數，由隆安三年春（三九九）至義熙十年春（四一四），亦已足十五年之數，若如外人及梁氏所云，是前後凡十八年，足十七年以上矣。此皆由泥於"義熙十二年"字樣，故有誤解，下文再為辨之。

蔣維喬《中國佛教史》云："《高僧傳》載印度佛教僧來中國南部……所謂南部者當指船泊廣州或交州而言，但此乘船而來者，至劉宋後始盛，劉宋以前，航路交通，可稱絕無。雖相傳佛陀、跋陀羅航海而來，法顯、三藏遵海而回，然二人之船，乃泊山東半島，非抵南部也。"按耆域之來，在晉惠末，曇摩耶舍之來，在安帝隆安中，皆取道南海，蔣氏遽曰宋前絕無，殊犯語病；若顯師泊山東半島，事出偶然，其指航地本南部之廣州，《記》言甚晰也。

據羅振玉《紀元以來朔閏考》，是年四月六月均大建，五月小建，由四月十六日庚戌，計至七月十四日丁丑，實前後八十八日，知記所謂經七十餘日者，實七十六日，即七月初二乙丑也，梁啓超云："歸途計費三百三十餘日。"如照此推之，自師子國啟途時，亦是八月初旬。

《記》文云："又問汝入山何所求，其便詭言，明當七月十五日，欲取挑獵佛。"（學院本詭言作說言，挑獵作桃臘。）是抵岸之日，為七月十四日。《關中近出尼二種壇文卷後記》云："七月十五日，各於所止處受歲如法。"又《善見律毗婆沙記》云："至七月十五日受歲竟。"《法苑珠林》一〇九引西晉聶道眞譯《菩薩受齋經》，齋日年有四次，以七月者為最長，計從七月一日受，十六日解；又一〇三引《冥祥記》云："七月望日（《四部叢刊》本誤作月）沙門受臘，此時設供，彌為勝也。"可見各本作挑獵者誤，應從內學院本。玄應《一切經音義》十四云："臘，獵也，獵取禽獸祭先祖也，此歲終祭神之名也，經中言臘者即此義也……今比邱或言臘，或云夏，或言雨，亦爾，皆取一終之義，案天竺多雨，名雨安居，從五月十五日至八月十五日也，土火羅諸國至十二月安居，今言臘者亦近是也。"

《晉書》：長廣郡，咸寧三年置，治不其縣。《高僧傳》："乃啟宋太祖資給，遣沙門道普將書吏十人，西行尋經，至長廣郡，舶破傷足。"長廣郡固當日海舶所至之地也。《漢書注》如淳曰："其音基，不其山名，因以為縣。"牢山在今青島，《魏書》作勞山，屬不其縣。

長廣太守李疑聞有沙門持經像汛海至，遺❶人迎至郡，劉法青州請法顯一冬一夏。

---

❶ "遺"當作"遣"。——編者註

《高僧傳》三云："頃之，欲南歸，青州刺史請留過冬，顯曰，貧道投身於不反之地，志在弘通，所期未果，不得久停，遂南造京師。"似顯師卒却刺史之請，但《記》文則云劉法青州請一冬一夏，是此冬至明年夏顯師均住青州，傳言未為當也。

《晉書》八四《劉敬宣傳》云："（盧）循平，遷左衛將軍散騎常侍，又遷征虜將軍青州刺史，尋改鎮冀州。"準同書帝紀，循平在義熙七年四月，又十一年四月，"青、冀二州刺史劉敬宣為其參軍司馬道賜所害"，又《宋書》四七《劉敬宣傳》云："出為使持節、督北青州軍郡事、征虜將軍、北青州刺史，領青河太守，尋領冀州刺史，時高祖西討劉毅。"武帝西討劉毅，在義熙八年九月；合觀數事，則敬宣任青州刺史，應在八年九月以前，《記》所謂劉法青州，《僧傳》所謂青州刺史，應為劉敬宣無疑。

宋王琰《冥祥記》云："晉沙門釋僧朗者，戒行明嚴，華戎敬異，嘗與數人俱受法請。"所謂受法請者，與此劉法之法，同一解釋，學院本作留法，非也。Beal 氏謂"法疑作至解"，譯為 Meanwhile Liu arriving at Tsing-chow，亦誤。

《記》文云："又問此是何國，答言此青州長廣郡界，統屬劉家。"劉、學院本作晉，此當謂顯師義熙同國，猶未禪宋，故改作晉。但顯師《記》文，寫定總在義熙十二年後，不三年，宋卽受禪，則亦許原作劉家，猶諸義淨遺著之或作唐或作周耳。

十年，甲寅（弘始十六——四一四），夏坐訖，初以遠離諸師人，欲趣長安，但所營事重，遂便南下向都，就諸師出經律。

《記》文關於年號問題，凡有兩大癥結：一卽《記》首稱"弘始二年歲在己亥"，一卽《記》末跋稱"是歲甲寅，晉義熙十二年，歲在壽星"。前人於此兩點，均理解不清，故涉及年代討論時，便陷魔障。己亥或可稱弘始二年，前已言之。至甲寅本義熙十年，今竟稱十二年，殊難索解，意十二之二誤衍耶？但檢僧肇《百論序》云："以弘始六年歲次壽星。"按六年爲甲辰，又《晉書·天文志》云："自軫十二度至氐四度爲壽星，於辰在辰。"是歲在壽星者，卽歲在丙辰，亦卽義熙十二年也，旣爲十二年，何以又稱甲寅，"二"字可衍而"壽星"不可衍也。余因是疑甲寅二字爲記文他處所錯簡，如記文"請法顯一冬一夏，夏坐訖"，甲寅二字，卽可移在一夏之下，緣顯師回抵青州之翌年，是甲寅也。況歲在壽星，卽干支之代稱，旣署壽星，上文又用干支，在行文中亦犯重屋疊牀之病，此甲寅二字更似爲他文錯簡之證。跋又云："夏安居末，迎法顯道人旣至，留共冬齋，因講集之際，重問游歷。"如謂是義熙十年甲寅事，則顯師方急急南下，何暇留共冬齋，故余斷定甲寅二字爲錯簡，跋中所記，乃顯師南下後二年事，於時經律有託，故得從容講集，重叙遊踪也。

　　桑原引 Rémusat《佛國記》云："東晉法顯自印度歸，以義熙十四年（西四一四）四月十六日發耶婆提國，七月十四日達膠州灣附近，亦利用信風也。"（據陳譯《蒲壽庚考》一〇一頁），按西四一四是義熙十年，非十四年，十四之 '四' 字誤。高楠順英譯《內法傳》二〇八頁以顯師旅行年代爲三九九——四一四，湯用彤[1]《竺道生與涅槃學》《國學季刊》三卷一號）以顯師爲義熙十年歸抵青州，均沿 Rémusat 氏之誤說。《歷代求法翻經綠》云："時四一六年七月十四日也。"則再後誤二年。考《魏書·釋老志》云："又沙門法顯慨律藏不具，自

---

[1] "湯用彬"當爲"湯用彤"。《竺道生與磐涅學》一文於1932年發表在《國學季刊》（三卷一號），後收於《湯用彤選集》（天津人民出版社1995年版，第68~131頁）。湯用彤1938年初版的學術著作《漢魏兩晉南北朝佛教史》中專設"竺道生"一章，內容基本沿襲《竺道生與磐涅學》一文。——編者註

長安遊天竺，歷三十餘國，隨有經律之處，學其書語，譯而寫之，十年，乃於南海師子國隨商人汎舟東下，晝夜昏迷，將二百日，乃至青州長廣郡不其勞山南下，乃出海焉，是歲神瑞二年也。法顯所逕諸國傳記之，今行於世。"按神瑞二年乙卯，當義熙十一年，又比甲寅後差一歲，其為訛舛，無待深辨。然《魏書》以北齊天保五年（五五四）上，上距顯師歸國，不過百四十餘年，已傳聞所異如此，更無怪後人解釋者立說紛如矣。

王《跋》云："義熙十二年，姚興始卒，太子泓立。十三年，劉裕始滅秦，執泓送建康，則如《隋志》所云，還至金陵，乃在姚秦既滅之後，故未得趨長安也。"按《晉書》載記，姚興卒於義熙十二年，《帝紀》則書於十一年二月，周家祿《晉書校勘記》已辨之；但顯師還國在九年，南下在十年，均在姚興生前，非在姚泓既滅之後，《隋志》亦無是語（見後文引）。至顯師非不欲還秦，其南下之故，重在經律，《記》文言之甚晰，王氏謂姚秦既滅，得趨長安，殊非事實。蓋顯師回國時，鳩摩羅什已卒（義熙五年），佛馱跋陀羅被擯秦僧，亦早南下，同志如智嚴、寶雲，均以此獲咎，散之他方，顯師不還秦土者，此或其一因，特不便明言耳。《歷代求法翻經錄》云："時四一六年七月十四日也……時後秦主姚興已於其年二月死，八月劉裕督軍伐後秦，所向皆捷，十月克洛陽，後秦將亡，長安道阻，顯遂南造建業。"亦誤信王《跋》之過。

十二年丙辰（弘始十八，又姚泓永和元年——四一六），夏坐訖，顯赴某氏之請，留共冬齋，重叙遊歷始末，成《佛國記》。

《魏書》六十七《崔鴻傳》云："鴻經綜既廣，多有違謬，至如太祖天興二年姚興改號，鴻以為改在元年，太宗永興二年慕容超擒於廣固，鴻又以為事在元年，太常二年姚泓敗於長安，而鴻亦以為滅在元年，如此之失，多不考正。"司馬光《資治通鑑考異》云："《晉本紀》《三十國晉春秋》皆云義熙十一年二月姚興卒，《魏本紀》《北史本紀》姚興姚泓載記皆云十二年。案《後魏書·崔鴻傳》，太祖天興二年姚興改號，鴻以為元年，故《晉本紀》《三十國晉春秋》凡弘始後事，皆在前一年，由鴻之誤也。"凡此皆證明《晉書》帝紀書十一年卒之誤。又道標《舍利弗阿毗曇序》云："惟秦天王沖資叡聖……以秦弘始九年命書梵文……停至十六年，經師漸閑秦語，令自宣譯，皇儲親管味，言意兼了……并校至十七年訖。"此序苟非作於十七年二月以前，亦姚興非卒於是年之旁證也。今李兆洛《紀元編》祇作弘始十七，但姚興既於是年方死，自應有弘始十八年，不過同年姚泓又改元永和耳。《晉書》載記謂興在位二十二年，但由太元十九年甲午僭位起，至是年止，應二十三年，曰二十二年者，亦計至乙卯止也。

《記》末跋云："因講集之際，重問遊歷……由是先所略者勸令詳載，顯復具叙始末。"是顯師之記，成於本年，丁國鈞《補晉書藝文志》云："《佛國記》一卷……謹案法顯沒於宋代，故今本題宋，然是書實成於義熙十二年，《記》末晉人跋語可證。"

丁謙《攷證》云："《記》後跋語，不書名氏，玩其語氣，蓋出道場寺譯經僧手。"按《跋》有云："其人恭順，言輒依實。"尋繹文意，作者乃為顯師檀越，且是貴宦，惟不具姓名，故書曰某氏。若是譯經僧，當不作"其人恭順"等傲慢語氣也。

十一月，在建鄴道場寺與佛馱跋陀羅（Buddhabnadra，即覺賢）共出《摩訶僧祇律》。

《釋迦方志》云："晉肅宗明帝造明興道場二寺"，晉人《六卷泥洹記出經後記》及《華嚴經記出經後記》均謂寺為司空謝石所立，豈寺創明帝而石乃重修耶？《文殊師利發願經出經後記》云："晉元熙二年，歲在庚申，於楊州鬥塲寺禪師新出。"《開元錄》於同經下亦作鬥塲寺，道、鬥音近，或當時有所諱避也（宋武帝二弟均以道排行）。

佛馱跋陀羅，《六卷〈泥洹記〉出經後記》作佛大跋陀，《華嚴經後記》作佛度跋陀羅，《出三藏記集》作佛大跋陀羅。《高僧傳》二云："又沙門法顯於西域所得僧祇律梵本，復請賢譯為晉文。"《魏書·釋老志》云："其（法顯）所得律，通譯未能盡正，至江南，更與天竺禪師跋陁羅辨定之，謂之僧祇律，大備於前，為今沙門所持受。"又《隋書·經籍志》云："又有沙門法顯，自長安遊天竺，經三十餘國，隨有經律之處，學其書語，譯而寫之，還至金陵，與天竺禪師跋羅參共辯足（足，王《跋》依《魏書》改作定），謂僧祇律，學者傳之。"《開元釋教錄》云："《摩訶僧祇律》四十卷，或云三十卷，梵本是法顯於摩羯提國將來，義熙十二年十一月，於鬥塲寺共法顯出，見竺道祖錄，祐在顯錄，據共譯故耳。"

十三年，丁巳（永和二——四一七），十月一日，與佛馱跋陀羅在道塲寺，始出《大般泥洹經》，寶雲筆受。

《開元釋教錄》姚秦錄云："起姚萇白雀元年甲申至永和三年丁巳。"而同錄曇摩耶舍下又云："以秦弘始九年丁未書出梵文……至十七年乙卯方訖。"是永和元年為丙辰，二年為丁巳，又考劉裕以是年七月克長安，執姚泓，泓凡立二年而滅，《開元錄》之永和三年，顯是二年之誤。

《六卷〈泥洹記〉出經後記》云："摩竭提國巴連弗邑阿育王塔天王精舍優婆塞伽羅先，見晉土道人釋法顯遠遊此土，為求法故，深感其人，卽為寫此《大般泥洹經》如來秘藏，願令此經流布晉土，一切衆生，悉成平等如來法身，義熙十三年十月一日，於謝司空石所立道塲寺出此方等大般泥洹經，至十四年正月二日校定盡訖，禪師佛大跋陀手執胡本，寶雲侍譯，于時座有二百五十人。"《開元釋教錄》云："經記云，《方等大般泥洹經》或十卷，第四譯……見道祖、僧祐二錄。"又同錄《智猛傳》云："後至華氏城，是阿育王舊都，有大智婆羅門，名羅閱宗，舉族弘法，王所欽重，造純銀塔，高三丈，沙門法顯先於其家已得《六卷泥洹》……猛就其家得泥洹梵本一部。"按《開元錄》所記，略同梁《高僧傳》，惟《僧傳》無顯師先於其家得經一節；又《出經記》言伽羅先，錄言羅閱宗，對音亦異。復考《出三藏記集》引智猛《遊外國傳》云："次華氏邑，有婆羅門，氏族甚多，其稟性敏悟，歸心大乘……智猛即就其家得泥洹胡本，還於涼州，出得二十卷。"則不舉婆羅門姓名，意僧祐引時略去耳。

蔣維喬《中國佛教史》云："法顯六卷本，譯於晉義熙十三年，翌年告成，曇無讖所譯大本，始於北京（涼）玄始三年，閱七年始告成，按玄始三年，適當東晉義熙十三年，二譯同年開始，良非偶然，可稱佳話。"按《高僧傳·曇無讖傳》云："讖以《涅槃經》本品數未足……於是續譯為三十三卷，以偽玄始三年初就翻譯，至玄始十年十月二十三日三袠方竟，即宋武永初二年也。"據《晉書》一二九，蒙遜以義熙八年僭即河西王位，改元玄始，計至永初二年，恰為玄始十年，是玄始三年乃義熙十年，蔣氏謂二譯同年開始者大誤。復按涼州沙門道朗與讖同時，又為讖徒道進之法弟，而其所作《大涅槃經序》則云，讖既達此，以玄始十年歲次大梁十月二十三日，河西王勸請令譯，使讖先於玄始三年在姑臧創譯，道朗何以不知，湯用彤疑僧傳所言有譌，良非妄議（見所著《竺道生與涅槃學》）。但讖滯燉煌，保無出譯，如《僧傳》言，前中後三分出不同時，安知道朗非舉末而遺初，惠皎又以姑臧剏始之年，為譯事畢功之日，故致言各殊異耶？《中國佛教史》又云："羅什與《涅槃經》之翻譯，有無關涉，不可得知，羅什、法顯、曇無讖三人，時代相同，但就法顯、曇無讖翻譯《涅槃經》考之，似羅什未盡知此事。"按《高僧傳·鳩摩羅什傳》云："以偽秦弘始十一年八月二十日卒於長安，是歲晉義熙五年也……然什死年月，諸記不同，或云弘始七年，或云八年，或云十一，尋七與十一，字或訛誤，而譯經錄中猶有十一年者，容恐雷同，三家無以正焉。"《開元釋教錄》則云："什公卒時，諸記不定……傳取十一為正，此不然也。準《成實論後記》云，大秦弘始十三年，歲次豕韋，九月八日。尚書令姚顯請出此論，至來年九月十五日訖，準此，十四年末什仍未卒；又準僧肇上秦主姚興《涅槃無名論》表云，肇在什公門下，十有餘載，若什四年出經，十一年卒，始經八載，未滿十年，云何乃言十有餘載，故知但卒弘始年中，不可定其年月也。"尋《傳錄》所言，羅什之卒，眾說滋紛，惟僧肇《鳩摩羅什法師誄序》云："癸丑之年，年七十，四月十三日，薨乎大寺。"準此，什公之卒，在弘始十五年（義熙九年），顯師創譯此經，什公已卒，云何能知。無懺大本，如依道朗所稱。（引見前段），則為時更後。若錄以僧肇表文，證什非十一年卒，則說猶有憾，蓋什到長安，雖在弘始三年之末，而肇之從什，實在姑臧（《高僧傳》肇傳云："後羅什至姑臧。肇自遠從之，什嗟賞無極，及什適長安，肇亦隨入。"），自弘始十一，上溯至呂光太安建元（太元十年，卽什至姑臧之歲），已二十五年，肇表所云在什公門下十有餘載，云何不合，智昇之誤，特以為什到長安肇始從學耳。

十四年，戊午（四一八），正月二日，《大般泥洹經》六卷譯訖。

湯用彤《竺道生與涅槃學》云："覺賢兼譯《方等泥洹經》六卷，時在十三年十月至十四年二月也。"二月之"二"字，諒是筆誤。

　　泥洹始唱，頗為舊學所擠；故宋范泰《與生觀二法師書》云："法顯後至，泥洹始唱，便謂常住之言，衆理之最，般若宗極，皆出其下。"《高僧傳·竺道生傳》云："又六卷泥洹先至京都，生剖析經理，洞入幽微，乃說一闡提人皆得成佛，於時大本未傳，孤明先發，獨見忤衆，於是舊學以為邪說，譏憤滋甚，遂顯大衆，擯而遣之。"

二月末，《摩訶僧祇律譯》畢。

據湯用彤《竺道生與涅槃學》。

後至江陵，卒於辛寺，春秋八十有六。

　　唐道宣《釋迦方志》云："八謂後秦弘始二年，沙門法顯與同學慧景等發自長安，歷于填道，凡經三十餘國，獨身達南海師子國，乃汎海將經像還，至青州牢山登晉地，往揚、荊等州出經，所行出傳。"按顯師往荊有無出經，今不可考。顯師享齡之研究，具見前文，茲據《高傳❶傳》書之。

　　與顯師約同時而曾駐辛寺者，更有名僧曇摩耶舍，《高僧傳》一云："耶舍後南遊江陵，止於辛寺……至宋元嘉中，辭還西域。"

　　顯師軼事，他書不多見，唯《法苑珠林》一〇九引《晉文雜錄》云："東晉徐州吳寺太子思惟像者，昔晉沙門法顯勵節西天，歷遊聖迹，往投一寺，大小逢迎，顯時遇疾，主人上座，親事經理，勅沙彌為客僧覓本鄉齋食，倏忽往還，腳有瘡血，云往彭城吳蒼鷹家求食，為犬所嚙，顯怪其旋轉之間，而遊數萬里外，方悟寺僧並非常人也，後隨舶還國，故往彭城，追訪得吳蒼鷹，具狀問之，答有是事，便詣餘血塗門之處，顯曰，此羅漢聖人血也，當時見為覓食耳，如何遂損耶，鷹聞慚悚，卽捨宅為寺。"

　　茲將顯師取得之經，業已譯出者，列為次表：

---

❶ "傳"當作"僧"。——編者註

經卷	部歸	今藏號數	譯人
《大般泥洹經》六卷卽方等	涅槃部	南白北食	法顯共覺賢
《大般涅槃經》三卷	小乘經	南禍北駒	法顯
《雜阿含經》五十卷	小乘經	谷傳聲虛堂	求那跋陀羅
《雜藏經》一卷	小乘經	南善北璧	法顯
《摩訶僧祇律》南四十卷，北四十六卷	小乘律	南政存以甘棠，北攝職從政存	覺賢共法顯
《僧祇比丘尼戒本》一卷	小乘律	南婦北隨	法顯共覺賢
《彌沙塞部五分律》三十卷	小乘律	南隨外受傳北而益詠	佛陀什共竺道生
《薩婆多部毗尼摩得勒伽》十卷	小乘律	南懷北下	僧伽跋摩
《雜阿毗曇心》十三卷？	小乘論	闕	法顯共覺賢？

　　蔣維喬《中國佛教史》云：“《大般涅槃經》，是否法顯所譯，不無可疑，蓋法顯前所譯之《大般泥洹經》為大乘經，而此譯為小乘經，且同一原語，前曰泥洹，後曰涅槃，不應歧出至此，《出三藏記》暨《歷代三寶記》載法顯所譯，有《方等泥洹經》三卷，而《出三藏記》復曰今闕，若此說信然，則法顯當別有《方等泥洹經》在，既冠以“方等”字樣，當然屬於大乘經，而譯《大般涅槃經》者不知何人矣。”按《開元釋教錄》云：“《大般涅槃經》三卷，或二卷，是《長阿含初分遊行經》異譯，羣錄並云顯出《方等泥洹》者非，卽前《大泥洹經》加“方等”字，此小乘涅槃，文似顯譯，故以此替之。”非顯師別出方等，或卽携回之綖經也。按《般泥洹經》有大、小乘之別，我國先後所出，復名稱不一，茲并製為兩表以便省覽：

（一）大乘

續　表

《胡般泥洹經》二卷	東漢支讖初出。或一卷，《開元錄》改胡為梵、今闕。
《大般涅槃經》二卷	魏安法賢二出。略大本前數品為此二卷，《開元錄》與支謙所出同稱第二出，因未確知法賢時代也，今闕。

《大般泥洹經》二卷	吳支謙二出。略大本序分哀歎品為二卷，今闕。
《大般泥洹經》六卷	東晉法顯共覺賢四出。《經記》稱為《方等大般泥洹經》，或十卷，盡大衆問品，義熙十四年正月二日出訖，現有本。
《大般涅槃經》四十卷	北涼曇無讖五出。梵本具足有三萬五千偈，今所譯者，止萬餘偈，三分始一耳。出經年月，說有不同，已詳前文。宋元嘉中，此經達建業，慧嚴、慧觀、謝靈運等以其品數疎簡，乃依法顯本加之品目，文有過質，頗亦改治，結為三十六卷，行於江左，比諸原翻，時有小異。現均有本。
《般泥洹經》二十卷	北涼智猛六出。以北涼茂虔承和年中（宋元嘉十一至十六）譯出，今闕。
《大般涅槃經》後譯荼毘分二卷	唐智賢七出。亦云闍維分，亦云後分，高宗時出。現有本。別有《方等般泥洹經》二卷，亦名《大般泥洹經》，西晉竺法護譯，與此非同本。

（二）小乘

《佛般泥洹經》二卷	西晉白遠出。亦云《泥洹經》，現存。
《大般涅槃經》三卷	東晉法顯出。或二卷，現存。
《般泥洹經》二卷	東晉失譯。亦云《泥洹經》或《大般泥洹經》，今存上卷，欠下卷。

上三經出《長阿含經》第二至第四卷，與《初分遊行經》同本異譯。

《開元錄》云："《雜阿含經》五十卷，於瓦官寺譯，梵本法顯賫來，《高僧傳》云祇洹寺出，見道慧《宋齊錄》及《僧祐錄》。"

同錄又云："《雜藏經》一卷，第二出，與《鬼問目連餓鬼報應經》等同本，見僧祐《寶唱二錄》。"

同錄又云："僧祇比丘尼戒本一卷，亦云比丘尼波羅提木叉僧祇戒本，共覺賢譯，見長房《錄》。"

同錄又云："《五分律》三十卷，亦云《彌沙塞律》，或三十四卷。"

僧伽跋摩譯之《薩婆多部毗尼摩得勒伽》，似卽顯師携回之《薩婆多衆律》。

《高僧傳·法顯傳》："就外國禪師馱跋陀於道場寺，譯出《摩訶僧祇律》《方等泥洹經》《雜阿毗曇心論》，垂有百餘萬言。"《開元釋教錄》於法顯名下著錄《雜毗曇心》十三卷云：“第二出，與符秦僧伽提婆等所出同本，見僧祐錄，房云，顯與覺賢共譯。”說與《高僧傳》同，但其本唐時已闕。同《錄》又以伊葉波羅與求那跋摩先後出之《雜阿毗曇心》十三卷為第三出（亦闕本），僧伽跋摩之《雜阿毗曇心論》十一卷為第四出；考宋人（闕名）《雜阿毗曇心序》云：“有尊者法勝，於佛所說經藏之中，鈔集事要，為二百五十偈，號《阿毗曇心》。其後復有尊者達摩多羅，……復為三百五十偈，補其所闕，號曰《雜心》。新舊偈本，凡有六百，篇第之數，則有十一品，篇號仍舊為稱，唯有《擇品》一品，全異於先，……於宋元嘉三年，徐州刺史太原王仲德請外國沙門伊葉波羅於彭城出之，《擇品》之半及《論品》一品，有緣事起，不得出竟。至元嘉八年，復有天竺法師，名求那跋摩，得斯阿含道，善練茲經，來遊楊都，更從校定，諮詳大義，余不以闇短，厠在二集之末。”宋僧焦鏡（卽《高僧傳》七之僧鏡，俗姓焦）《後出雜心序》云：“於宋元嘉十一年甲戌之歲，有外國沙門，名曰三藏，觀化遊此，其人先於大國綜習斯經，於是衆僧請令出之，卽以其年九月，於宋都長干寺集諸學士，法師雲公譯語，法師觀公筆受，考校治定，周年乃訖，鏡以不才，謬預聽末。”《高僧傳·求那跋摩傳》云：“初元嘉二年，徐州刺史王仲德於彭城，請外國伊葉波羅譯出《雜心》，至《擇品》而緣礙，遂輟，至是（元嘉八年），更請跋摩譯出後品，足成十三卷。”又《僧伽跋摩傳》云：“慧觀等以跋摩妙解雜心，諷誦通利，先三藏（按卽指求那跋摩，因其於元嘉八年正月達建業，旋卽遷化也）雖譯，未及繕寫，卽以其年九月於長干寺招集學士，更請出焉，寶雲譯語，觀自筆受，考覈研校，一周乃訖。”循繹各序傳，知伊葉波羅與求那跋摩雖先後合出此論，幷未繕定，直至僧伽跋摩繼二人未竟之功，始有寫本，余因是頗疑顯師當日實未出此論，或雖出而未有繕定，不然，元嘉諸人，何汲汲於必出此論耶？

蔣維喬《中國佛教史》云："僧伽提婆所譯之《迦旃延阿毗曇》第一譯（三十卷，一名《阿毗曇八犍度論》，其第二譯法顯所譯，十三卷），皆小乘經也。"按僧伽提婆在符秦所出，計有兩種：（甲）《阿毗曇八犍度論》，三十卷，《開元錄》云："或無論字，或二十卷，或云《迦旃延阿毗曇》，或云《阿毗曇經八犍度》，初出，與唐譯《發智論》同本。"（乙）《阿毗曇心》十六卷，《開元錄》云："初出，或十三卷，建元末年於洛陽出。"《開元錄》所謂"與符秦僧伽提婆所出同本"者，乃指乙種之《阿毗曇心》，非指甲種之《阿毗曇八犍度論》，又以嚴義言之，此乃小乘論，非小乘經，蔣氏所言，兩俱失察。

由上表說觀之，則顯師從印、錫兩地攜回之要本，殆已全出，在外十五年，冒惡沙積雪，飽黑風暴雨，幾至喪身絕島，得此結果，其亦可以無憾矣！

附錄

　　Beal 氏《佛國記》英譯本，除地理攷證，散見前文外，其有可資參較者，并摘錄二條。

　　一，《記》文僧伽施下云："此中有辟支佛食處。"Beal 氏云："原文疑誤，按諺有言，'to drink the draught of sweet dew'，義以喻死，此句或應孕是義也。"

　　二，《記》文舍衛城下云："祇洹精舍東北六七里，毗舍佉母作精舍，請佛及僧，此處故在。"Beal 氏云："Cunningham 氏位毗舍佉母 (Mother Viśâkhâ) 精舍於祇洹精舍之東南，《記》文疑訛也。"

　　Beal 氏譯文，未嘗取與漢本一一比勘，偶有所見，復舉兩條。

　　《記》文師子國下云："上作大轝床，似此間輪車，但無龍魚耳。"譯文作 "They then constructed above a funeral carriage, like the hearses used in this country, except that there are no dragon-ear handles (cf. ting urh)." 按句末之 "耳"，乃語助辭，Beal 氏似誤為 "耳目" 之耳也。

　　《記》又云："佛法滅後，人壽轉短，乃至五歲十歲之時，糯米酥油，悉皆化滅。"譯本作 "after which the years of man's life will begin to constract until it be no more than five years in duration. At the time of its being ten years in length, rice and butter will disappear from the world,…" 按《記》先五歲後十歲者本倒裝句法，不能於 "五歲" 斷句，譯文以 "十歲之時" 自作一截，非特句法呆板，且失原意矣。

異名彙錄

　　各地異名，茲依翻譯時代先後，以外名為綱，彙集成表；若夫地理今釋，已見篇中，不復複出。

Agni或作Akni	
焉耆	漢書
烏耆國	《密迹金剛力士經》
烏夷	道安《西域志》
偈彝國	《佛國記》
烏帝	《水經注》
阿耆尼國	《西域記》
焉夷	慧琳《音義》
焉祇	同上
Ajitâvatî	
阿夷羅婆提河	《長阿含》
阿恃多伐底河	《西域記》
無勝河	同上
阿利羅跋提河	同上
阿氏羅筏底河	《婆沙論》
Akni見上Agni條	
Angas	
鴦伽國	元魏譯《正法念處經》
Atavî	
曠野國	竺法護
阿羅毗國	《十誦律》
阿荼毗邑	《五分律》
Azamgarh或作Azimgarh	
阿耶穆佉國	《西域記》
Azimgarh見前條	

Ayô-dhyâ	
阿踰陁國	《西域記》
Bânâras 見　Vârânasî條	
Bhiḍa	
毗荼國	《佛國記》
Brahma-Gayâ	
伽耶城	《西域記》，與後條非同地
Buddha Gayâ	
伽耶城	《佛國記》
Champâ	
瞻婆	西晉法炬
瞻波國	《增壹阿含》
占波	同上
Dakshiṇa或稱Deccan	
達嚫國	《佛國記》
Dârail, Darel or Dâril	
陀歷國	《佛國記》
達麗羅	《西域記》
達刺陀國	《義淨孔雀經》
陀羅伊羅	《通典》
Deccan見Dakshiṇa條	
Dîpaṅkara	
燈光城	慧立《三藏傳》，參看Nagarahâra條
Gandhâra Ptolemy稱曰Gandarae	
犍陀國	漢安清
犍陀越國	道安《西域志》
犍越國	同上
乾陀羅國	《長阿含》
犍陀衛國	《佛國記》
業波羅國	宋雲
健馱邏國	《西域記》
乾陀衛	同上
香行國	《續僧傳》
持地國	《華嚴音義》
香遍國	同上
建馱羅國	慧超
Ganges	
恆水	漢安清
恆伽水	道安《西域志》

殑伽河	西域記
Ghazar, Ghizar	
岐沙谷	道安西域志
Gilgit	
蘗多城	新唐書
Gṛĭdhrakûṭa	
靈鳥項山	支讖《首楞嚴經》
耆闍崛山	竺法護
靈鳥山	同人《佛說心明經》
靈鷲山	同人《密跡金剛經》
鷂鷲崛山	佛國記
姞栗陁羅矩吒山	西域記
鷲峯	同上
鷲臺	同上
鷲峯山	《求法高僧傳》
Gurupâdâhɡiri 參看 Kukkuṭapâdagiri 條	
窶盧播陀山	《西域記》
尊足山	同上
尊足嶺	《求法高僧傳》
Guz-Kul	
三池	《漢書》
毒龍池	宋雲
格什庫里	《戈登遊記》
Hjdda	
醯羅城	《佛國記》
Hiraṇyavati	
醯蘭那水	支僧載
熙連河	《羅什觀佛三昧經》
希連河	《佛國記》
希連禪河	《水經注》
尸賴挐伐底河	《西域記》
有金河	同上
呵剌挐伐底河	同上
Hughli	
枝扈（二字疑倒）黎大江	《扶南傳》
Ishkashim	
塞迦審城	《新唐書》
Indraśailaguha	
小孤石山	《佛國記》

因陁羅勢羅窶訶山	《西域記》
帝釋窟	同上
Jêtavana	
祇陀	康僧鎧《郁伽長者經》
祇洹	《增壹阿含》
祇桓	同上
逝多林	《西域記》
勝林	同上
誓多林	《能斷金剛般若經》
祇樹	《玄應音義》
勝氏	同上
Jumnâ亦作Yamunâ	
遙奴水	道安《西域志》
捕那河	《佛國記》
蒲那河	《水經注》
閻牟那河	《西域記》
閻母那河	《新婆沙論》
Kabdian	
呵跋檀國	《梁書》
伽倍國	《北史》
Kala-Panja法文作Kala-Pandj	
漢槃陀國	宋雲
揭盤陁國	《西域記》
渴羅槃陀	《續僧傳》
喝飯檀國	慧超
葱嶺鎮	同上
喝槃國	《通典》
葱嶺守捉	賈耽《四夷通道》
羯盤陀國	同上
喝盤陀國	《新唐書》
喀喇噴赤	《戈登遊記》
Kâlapinâka	
迦羅臂拏迦邑	《西域記》
Kanaka	
拘那含國	《支僧載》
拘那舍國	同上
Kanyâkubja	
罽饒夷城	《佛國記》
羯若鞠闍國	《西域記》

續　表

曲女城	同上
拘蘇磨補羅城	同上，參看Kusumapura條
花宮	同上
葛那及	慧超
Kapilavastu	
迦維羅衛	《漢法本內傳》
迦維衛	支謙《本起瑞應經》
迦維羅越國	支僧載
迦維羅竭國	法護《普曜經》
迦夷衛國	同上
維衛國	同上
羅衛國	道安《西域志》
迦毗羅越國	《增壹阿含》
迦毗羅衛國	同上
妙德國	《十二遊經》
迦毗羅國	《羅什孔雀經》
赤澤國	《大般涅槃經》
迦毗羅施兜國	《宋譯因果經》
迦毗黎國	《宋書》
迦惟羅衛國	《高僧傳》
嘉維國	《梁書》
刧比羅伐窣堵國	《西域記》
父城	《內法傳》
刧比羅國	《義淨孔雀經》
迦毗羅幡窣都	《華嚴音義》
刧毗羅國	《不空孔雀經》
Kapiśa	
罽賓	《漢書》
迦畢試國	《西域記》
Kapitha西域記，參Sainkâśya條	
迦臂施國	《續僧傳》
Kashgar, Kashkar參看Khara-Śyâmâka條	
伽舍羅逝	道安《西域志》
羅逝	同上
迦舍國	《羅什孔雀經》
Kashmir，西晉以後繙經常誤稱為罽賓	
罽密	支僧載
迦濕彌羅國	《西域記》
Kâśi, Kâsîs	

伽尸國	《扶南傳》
迦尸國	《增壹阿含》
Kauśâmbî	
拘宋婆	支僧載
拘睒彌國	《師子月佛本生經》
高芟毗國	《羅什孔雀經》
拘睒彌鞞國	《雜阿含》
俱睒彌	《齊譯摩耶經》
憍賞彌國	《西域記》
憍閃毗國	《義淨孔雀經》
憍閃彌國	《不空孔雀經》
Khara-Śyâmâka	
迦舍羅逝	道安《西域志》，參看Kashgar條
羅逝	同上
迦舍國	《羅什孔雀經》
竭叉國	《佛國記》
奇沙國	智猛
迦羅奢末	曇無《竭外國傳》
賒彌國	宋雲
商彌國	《西域記》
沙摩	《根本說一切有部毘奈耶》
奢摩褐羅闍國	慧超
Khasa-Raja	
伽舍羅逝	道安《西域志》，參看前條
Khotan	
于闐	《漢書》
Khowar, Kho	
於麾國	《佛國記》
鉢盂城	宋雲，據Beal氏繙本，似是鉤盂城之誤
權於麾國	《北史》
拘衛國	慧超
俱位國	《唐六典》
拘緯國	《十地經》等後記
？喀莽	《西域圖志》
Khulm	
休密	《漢書》
和墨城	同上
胡密丹國	《梁書》
護蜜	《西域記》

胡密國	慧超
Kôsala	
東（車字之訛）離國	《後漢書》
拘薩國	《東漢失譯經》
車離國	《魏略》
驕薩羅國	支謙《百緣經》
拘薩羅國	《增壹阿含》
俱莎羅國	《羅什孔雀經》
居薩羅國	《長阿含》
憍薩羅國	《西域記》
Kukkuṭapâdagiri	
雞足山	《佛國記》
屈屈吒播陀山	《西域記》
窶盧播陀山	同上，參看Gurupâdâhgiri條
尊足山	同上
雞嶺	《求法高僧傳》
尊足嶺	同上
Kunduz	
昏馱多城	《西域記》
Kuśagârapura	
湃沙王舊城	《佛國記》
矩奢揭羅補羅城	《西域記》
上茅宮城	同上
Kuśanagara, Kuśigramaka, Kuśinagara, Kuśinagarî, Kuśinârâ	
拘私那竭國	支僧載
拘夷國	道安《西域志》
拘尸城	《增壹阿含》
拘夷那竭城	《長阿含》
拘尸那竭國	同上
拘尸那	《涅槃經》
拘尸那揭羅國	《西域記》
究尸那城	《玄應音義》
？上茅城	同上
俱尸那	《內法傳》
俱尸國	《求法高僧傳》
Kusumapura	
拘蘇磨補羅城	《西域記》，參看Kanyâkubja條
花宮	同上
拘蘇摩補羅城	同上，參看Pâṭaliputra條

香花宮城	同上
Luṃmini	
臨兒國	《魏略》
論民園	《佛國記》
臘伐尼林	《西域記》
Magadha	
摩竭提國	支謙《瑞應本起經》
摩竭	《三國失譯經》
摩伽陀	《大智度論》
摩揭陀國	《西域記》
墨竭提	《華嚴音義》
Mallas	
末羅	《西域記》
Manglaur	
曹揭釐城	《西域記》
Mathurâ	
摩偷羅國	《羅什孔雀經》
摩頭羅國	《佛國記》
秣菟羅國	《西域記》
末度羅國	《義淨孔雀經》
摩度羅城	《華嚴音義》
摩突羅	同上
孔雀城	同上
密善城	同上
末土羅城	《不空孔雀經》
Mrĭgadâva	
鹿野苑	《四十二章經》
鹿野	《十二遊經》
鹿苑	《求法高僧傳》
鹿園	同上
Nagarahâra	
那乾呵羅國	《羅什觀佛三昧經》
那伽訶羅國	慧遠《萬佛影銘序》
那竭國	《佛國記》
那呵黎城	《高僧傳》
那伽羅訶國	《道藥傳》
那揭羅曷國	《西域記》
燈光城	慧立《三藏傳》，參看Dîpaṅkara條
Nairaĥjana	

尼連水	道安《西域志》
尼連禪河	《佛本行經》
尼連禪那河	《西域記》
Panj	
孟津河	宋雲
Pâṭaliputra, Pâṭaliputta. 希臘人稱曰Palibothra	
巴連弗邑	《阿育王傳》
（弗）波多利弗國	《羅什孔雀經》
波多利弗多羅國	同上
華氏 (Vajjis) 邑	智猛
波吒釐子城	《西域記》
拘蘇摩補羅城	同上，參看Kusumapura條
香花宮城	同上
波吒梨子	《義淨孔雀經》
波吒離子	《不空孔雀經》
Prayâga	
鉢邏耶伽國	《西域記》
Purushapura	
弗樓沙國	《佛國記》
富樓沙國	《北史》
布路沙布邏	《西域記》
富留沙富邏城	《續僧傳》
丈夫宮	同上
Pushkarâvatî	
盉吐（？呵）羅越城	道安《西域志》
布色羯羅伐底城	《西域記》
Râjagaha, Râjagṛiha	
羅閲祇國	《漢康孟詳興起行經》
羅閲	同上
王舍國	《漢失譯經》
羅閲祇瓶沙國	《支僧載》
王舍城	道安《西域志》
羅閲祇伽羅	《增壹阿含音義》
曷羅闍姞利呬城	《西域記》
羅閲揭梨醯	《玄應音義》
Râmagrâma	
藍莫國	《佛國記》
藍摩國	《西域記》
Rohi	

羅彝國	《佛國記》
Sâkêta	
沙奇城	《魏略》
娑枳多國	《羅什孔雀經》
桑岐多國	《馬鳴菩薩傳》
沙祇大國	《佛國記》
娑寄多	《月藏經》
娑雞靚	《義淨孔雀經》
娑雞多	同上
Samkâśya	
僧迦扇柰揭城	道安《西域志》
僧迦施國	《佛國記》
迦施國	《高僧傳》
刼比他國 (Kapitha)	《西域記》
僧迦舍國	同上
Samvṛîjjis	
三伐恃國	《西域記》，參 Vṛîjjis 條
Sarhad	
奔攘舍羅	《西域記》
娑勒城	《新唐書》
娑和達	《戈登遊記》
Sarik-chaupon 見 Sarughchupan 條	
Sarikul	
塞爾勒克	《西域圖志》
塞勒庫勒	《西域水道記》
薩雷闊勒	《戈登遊記》
Sarugh-chupan 亦作 Sarik-chaupon	
子合國	《漢書》
西夜國	同上
朱駒波國	宋雲
悉居半國	《北史》
朱居國	同上
朱俱波	同上
朱俱槃國	《通典》
Savâtthì 見 Śrâvastî 條	
Shen-Shen	
鄯善	《漢書》
禪善	《竺法護密跡金剛經》
Simhala, Simhaladvipa	

私（斯）訶（呵）條（調）國	支僧載
師子國	《佛國記》
僧伽羅國	《西域記》
執師子國	同上
Śrâvastî巴利語曰Sâvatthî	
舍衛城	《漢安清父母恩難報經》
聞物國	《漢安玄法鏡經》
禮維特	《魏略》
無物不有國	《十二遊經》
舍婆提城	《大智度論》
多有國	《齊譯善見律》
舍囉婆悉帝城	《隋譯起世因本經》
室羅伐悉底國	《西域記》
捨羅婆悉帝夜城	《玄應音義》
室羅伐國	同上
聞者城	同上
室羅筏國	《華嚴音義》
室羅筏悉底	同上
好道城	同上
Śubhavastu, Suvâstu, Svât, Swat, Arrian稱曰Suastos, Ptolemy稱曰Soyastos	
宿呵多國	《佛國記》
蘇婆伐窣堵國	《西域記》
？西業者多	慧超
Suhma	
修摩國	十童子讚
蘇摩國	同上
Syâmâka-Raja參看 Khara-Śyâmâka條	
奢摩褐羅闍國	慧超
Tadwa	
碓國	支僧載
都維邑	《佛國記》
Takshaśilâ, Taxila	
奢叉尸羅國	《安法欽育王傳》
卓叉始羅國	《羅什孔雀經》
竺刹尸羅國	《佛國記》
德叉尸羅國	《宋譯因果經》
𥝢尸羅國	《水經注》
呾叉始羅國	《西域記》
得叉尸羅國	《義淨孔雀經》

Tâmalitti, Tâmraliptî	
擔袟國	《扶南傳》
多摩黎帝國	《佛國記》
耽摩栗底國	《西域記》
Termistât參看Wakhan條	
達摩悉鐵帝國	《西域記》
Uḍḍiyâna舊作 Udyâna	
烏秅國	《漢書》
烏仗國	《增壹阿含》
烏纏國	《羅什孔雀經》
烏萇國	《佛國記》
憂長	《寶唱名僧傳》
烏場國	宋雲
烏仗那國	《西域記》
烏長國	《義淨孔雀經》
鬱地引那	慧超
越底延	《新唐書》
Vaiśâlî, Vesâlî	
維邪離國	支僧載
維耶離國	《竺法護普曜經》
維耶	《大灌頂經》
毗舍利	道安《西域志》
毗舍離國	《增壹阿含》
毗娑羅國	《羅什孔雀經》
毗耶離國	智猛
吠舍釐國	《西域記》
鞞奢隸夜城	《玄應音義》
薛舍離	《求法高僧傳》
Vârânasî亦作Bânâras	
波羅柰國	《後漢失譯大方便報恩經》
（？皮）波羅柰斯國	同上
波羅奈斯	道安《西域志》
槃奈國	《同人婆須密集序》
諸佛國	《十二遊經》
（娑）婆羅那國	《羅什孔雀經
波羅捺城	《佛國記》
稔國	北魏突厥寺碑
婆羅痆斯國	《西域記》
婆羅捺斯	《玄應音義》

續 表

江遶城	同上
婆羅拏斯國	《不空孔雀經》
Varnu	
跋那國	《羅什孔雀經》
伐剌拏國	《西域記》
筏剌拏國	《大毗婆沙論》
跋怒國	《義淨孔雀經》
色城	《不空孔雀經》
Varusha	
佛沙伏（伏沙）城	宋雲
跋虜沙	《西域記》
Vokkâna參看Wakhan條	
僕柯那國	《羅什孔雀經》
步迦那國	《根本說一切有部毗奈耶》
僕迦那國	《義淨孔雀經》
Vṛijjis又稱Samvṛîjjis	
弗栗恃國	《西域記》
三伐恃國	同上
Wakhan亦稱Termistât或Vokkâna	
呼犍谷	《漢書》
呼韃谷	《後漢書》
僕柯那國	《羅什孔雀經》
鉢和	宋雲
達摩悉鐵帝國	《西域記》
鑊侃	同上
護密	同上，參看Khulm條
步迦拏國	《根本說一切有部毗奈耶》
僕迦拏國	《義淨孔雀經》
鑊侃	《新唐書》
幹罕	《西域水道記》
瓦罕	《戈登遊記》
Yamunâ見Jumnâ條	
Yashin, Yasin, Yashkun	
休循	《漢書》
Yavadvipa	
耶婆提國	《佛國記》
？（未還原）	
那訶維國	支僧載
那毗伽邑	《佛國記》

編後記

　　岑仲勉 (1886~1961)，學名銘恕，字仲勉，別名汝懋。廣東順德人。我國著名歷史學家，長於西北史地學、隋唐史及碑刻考證。1912年北京高等專門稅務學校畢業後，在海關等處任職員，業餘從事中外史地考證。1934年7月~1935年6月，任暨南大學秘書兼文書主任，撰《佛遊天竺記考釋》，引起史學界注意。其治史深受清代西北史地學派和唐史學者勞格影響，相關著作有《西突厥史料補闕及考證》《突厥集史》《中外史地考證》《漢書西域傳地理校釋》《登科記考訂補》《郎官石柱題名新著錄》《郎官石柱題名新考訂》《續勞格讀全唐文劄記》《元和姓纂四校記》等。在隋唐史校勘考釋方面有《白集醉吟先生墓誌銘存疑》《白氏長慶集偽文》《論白氏長慶集源流並評東洋本白集》《翰林學士壁記注補》《補唐代翰林兩記》《括地志序略新銓》等超邁前人、深受學界關注的作品。岑氏治學最重要的成就是以碑誌考證史實，客觀論證碑誌價值，著有《金石證史》《貞石證史》《續貞石證史》等，收入《金石論叢》。岑著《隋唐史》，反映了其在隋唐史通論中的創見，為隋唐史研究的里程碑之作。晚年他還著有《黃河變遷史》《府兵制度研究》《西周社會制度問題》《兩周文史論叢》《墨子城守各篇簡注》等，反映了作者對西周以來的歷史乃至黃河歷史的廣泛興趣。岑仲勉先生著述頗豐，在相關研究領域碩果累累，不愧為一代史學大家。

　　《佛遊天竺記》，又名《佛國記》《法顯傳》《釋法顯行傳》《歷遊天竺記》《歷遊天竺記傳》《釋法顯遊天竺記》《佛遊天竺本記》《釋法明遊天竺記》《法明遊天竺記》《歷遊天竺記傳》等，一卷，萬餘字。東晉高僧法顯撰成於義熙十二年 (416)。法顯 (334～420)，俗姓龔，平陽郡武陽人，三歲出家，二十歲受具足戒。東晉安帝隆安三年 (399)，法顯以六十多歲高齡，與同學結伴，從長安出發西行求法。他是中國經陸路到達印度並由海上回國，而留下記載的第一人，參加翻譯從天竺取回的佛經《摩訶僧祇律》《大般泥洹經》等。法顯的功績主要在於取經和翻譯，其攜歸和翻譯的經歷代經錄都有著錄。但是他寫就的《佛遊天竺記》對於世界的影響卻遠遠超過他的翻譯對中國的影響。《佛遊天竺記》記述作者 399～413 年從長安出發，度沙河，逾蔥嶺，歷經艱辛而至北天竺，爾後周遊西天竺、中天竺、東天竺，最後從海上返回的西行求法經歷，所記凡三十二國，其中三十一國均為作者游履所及。這是一部典型的遊記，簡要記載了法顯遊歷天竺的行進路線、住留時日及主要活動；也屬佛教地志類著作，真實地記敘了所經亞洲各國及我國新疆地區在 5 世紀初的歷史狀況，特別是佛教的寺廟、遺跡、僧尼數目、所習教說以及眾多的佛教傳說。它是研究中國與印度、巴基斯坦等國的交通和歷史的重要史料。由於書中記敘的西域古國大多早已滅亡，典冊罕存，本書便成為研究這些古國歷史變遷的稀世珍寶，因而受到中外學者的高度重視。19 世紀以來，該書先後被譯成法文、英文 (Samuel Beal[1869]、James Legge[1886] 和 H.A.Giles[1923])、日文等，出現了一批專門研究此書的著作，如足立喜六《考證法顯傳》(1935)、《法顯傳——中亞、印度、南海紀行研究》(1940) 和長澤和俊 (1970) 等。

　　古地理學，尤其中亞、南亞地區，歷史變遷頻仍，政權迭更，地理、地名的考證更是困難。《〈佛游天竺記〉攷釋》雖是岑仲勉先生於史學界嶄露頭角的成名作，但從著述來看，其對前人的研究成果的充分吸收以及自身深厚的史地學功夫，對可見其對為全面考證遊記不可不讀的重要著作。

　　此次整理出版的《〈佛游天竺記〉攷釋》，以 1934 年商務印書館版為底本進行整理。需向讀者說明：一，原文中的標點符號，如引號、省略號等，與現行標準有所不同，在整理過程中，進行修正，不再一一注明。二，對原文中個別明顯或懷疑錯訛之處，進行必要修改或標注，並以"編者註"的形式加以說明。三，書稿中有大量外文字母，本次整理出版時，嚴格按照民國版本形式呈現。四，原書封面做《〈佛游天竺記〉考釋》，書眉做《〈佛游天竺記〉攷釋》，本次出版統一為《〈佛游天竺記〉攷釋》。限於整理者水準，錯漏不當之處在所難免，誠望讀者批評指正。

劉　江

2014 年 5 月

《民國文存》第一輯書目